Dan-sha-ri For business person

ビジネスパーソンの
ための

断《だん》捨《しゃ》離《り》思考

の
すすめ

田﨑正巳

同文舘出版

はじめに

「断捨離」という言葉が話題になっているようです。「ダンシャリ」と読みます。サイコセラピストである川畑のぶこさんのブログを読んで、「断捨離」という言葉を知りました。

簡単に言えば、「過去に溜め込んだ、家の中や身の回りにある不要なモノを捨てることで、身も心もすっきりさせよう」というコンセプトです。

川畑さんのブログを読んで、「捨てることも大事だけど、その核心は余計なものを持たないことなのではないか」と感じ、自分のブログにそのことを書きました。

以下、一部抜粋します。

このNさんのブログを読んで、モンゴルへ持ち込んでいたNHK・DVDの「街道をゆく　モンゴル紀行」(司馬遼太郎原作)を再び見ました。どうしても司馬遼太郎のコメントで気になっていたポイントがあったからです。

番組の途中であったコメントです。

「たいていのモンゴル人はものを欲しがる心がそぎ落とされて、欲望少なく生きている」

これはもともと遊牧民であるモンゴル人は移動式住居ゲルに住んでいたため、いつも簡素にし必要なものだけしか持たなかったことを言ってます。

そして、ものをため込むということを避けているうちに、ものへの欲望というものが薄れてきたが、その分精神的には非常に豊かであったということを言っているときの言葉です。つまり、モンゴル人全体が断捨離のプロだったというわけです。本家本元ともいえるかもしれません。

（「徒然散文記」２００９年2月16日 http://blogs.yahoo.co.jp/uncle_summy/29370598.html）

このブログを読んでくださったのが、「断捨離」の提唱者、やましたひでこさんでした。そして、やましたさんが著書『新・片づけ術　断捨離』（マガジンハウス）を出版するに当たり、私のブログをコラムとして収録したいというお申し出をいただきました。出版社からモンゴルにいる私の元に問い合わせがきたのです。もちろん、快諾しました。

このような経緯から、川畑さんの著書『モノを捨てればうまくいく 断捨離のすすめ』（同文舘出版）も合わせて読んでみたところ、断捨離はビジネスにも通用するコンセプトだと思えたのです。

やましたさんによると、断捨離の定義は、
「モノの片づけを通して自分を知り、心の混沌を整理して人生を快適にする行動技術」です。
「断」＝入ってくる要らないモノを断つ
「捨」＝家にはびこるガラクタを捨てる
そして「断」と「捨」を繰り返した結果、
「離」＝モノへの執着から離れ、ゆとりある〝自在〟の空間にいる私
という状態になるそうです。
つまり、「捨てる」「断つ」という行動を通じて、身も心も自由自在になれるということを説いているのです。
最初は単なる整理整頓くらいに思っていましたが、川畑さんが断捨離を進める様子をブログで見ているうちに、外面的なことだけでなく、内面的なことへの変化、あるいは精神的な変化まで巻き起こしていることを知りました。
川畑さんによれば、断捨離を1ヵ月以上続けるうちに、10の効果、改善点があったそうです。それは、部屋がきれいになったなどの環境変化のみならず、自分の行動がシンプルになり快適になったという自分自身の変化、さらには生活の質も向上したといいます。

有名な日本電産のトイレ掃除の話も、これと似たところがあります。経営危機にあった会社の再建を従業員のリストラなしに次々に成功させてきた日本電産は、すべての新入社員のみならず、買収先の従業員全員にトイレ掃除をさせています。これによって社員の意識が変わり、ひいては行動も変わるというものです。つまり一見、形だけの行動に見えることが、実は精神面も含めた多くのことに影響を及ぼしているのでしょう。

川畑さんは、何より、「モノ」ではなく「自分」を軸に考えられるようになった、それによって人間関係が良好になるケースを目の当たりにしたそうです。

現代の私たちにとって、いかに楽しい買い物をするか、いかに好きなものをコレクションするか、など「モノを得る」のは簡単なことであって、「悩み」のうちには入らないでしょう。よほどの高額品でもない限り、多くの人は「買いたい」と思えば買えるモノがその辺に溢れているわけです。人間、簡単なことには頭は使いません。「欲しくて買ったモノの半分を捨てよ」とか「人からいただいたモノを半分捨てよ」というほうが、ずっと難しいということです。

コンサルタントとして日頃からさまざまな企業を見る中で、これら一連の行動や効果が、実に「ビジネスと似ている」「ビジネスを考える上での基本となることがたくさん含まれている」と思いました。

「断捨離」の真の目的は、不要なモノを捨てることではありません。過去に大切にしていたモノ、まだ使えるモノを捨てなくてはならないことは、とても辛いでしょう。ですが、それを繰り返していくうちに、段々精神が鍛えられ、モノに対する本当の価値や必要性を見通せるようになる、これが真の目的です。

ビジネスも同じです。

たとえば、「戦略とは捨てることなり」という言い方があります。今では有名なフレーズで、多少なりとも戦略をかじったことがあれば、聞いたことがある言葉でしょう。この言葉の意味するところは、資金や経営資源は有限であるという前提で、何かを成し遂げようとすれば、そこに資源を集中しなければならない、集中するということは、逆に言えば「何かを捨てなければならない」ということです。何かを捨てるというのは、何をやらないかを明確にすることでもあります。

ところが実際には、「何をやりたいか」「どこに集中すべきか」は常日頃考えていても、

「じゃあ、そのために何を捨てるのか？　何をやらないのか？」となると、決断できないケースが多いのです。

これまでやってきたことを止める、事業を売却したり閉鎖するのは、辛いことです。断腸の思いもあるでしょう。しかし、そこに留まってはならないのです。

なぜ、こういう結果になったのか？
なぜこんな痛みを伴う経営を強いられるのか？
そこから学ぶべきは「本気で自分たちが取り組むべき事業とは一体何なのか？」「自分がやるべき仕事とは何なのか？」を真剣に考える姿勢です。

本書では、断捨離と経営戦略との共通点、ビジネスパーソンにとっての断捨離とは何か、さらには、ビジネスだけではなく人生全体にとっての断捨離を皆さんと一緒に考えていきたいと思います。

前半では主に「経営」という、比較的大きな枠組みについて触れていますが、個々のプロジェクトベース、現場ベースでも大いに活用できる考え方です。ですから、企業の管理職、幹部、経営者のみならず、若いビジネスパーソンにも役立てていただける内容となっています。さらには、ビジネスや企業経営に関心のある学生の方でも興味をもって読んでいただける内容とすることを心がけました。

ビジネスを取り巻く環境変化が速く大きい時代だからこそ、これからは、誰もが経営的思考感覚を身につけなければなりません。そのために役立つのが「断捨離思考」なのです。

もくじ

ビジネスパーソンのための断捨離思考のすすめ

はじめに

Part 1 ビジネスは断捨離でうまくいく

14 ムダを排除し、限られた資源を生かす「断捨離経営」
18 「捨てるタイミング」を間違うと、結果はどんどん悪くなる
22 大企業ほど、ムダが増える
25 アップルが自社部品にこだわらない理由
31 無自覚でいると、ムダは自然と増える
34 なぜ総花経営はダメなのか？
40 「できる」からといってやってはいけない
44 価値があるうちに主体的に「捨てる」
48 捨てなければ、得られない

Contents

Part 2

捨てられない理由と、捨てる基準

56 なぜ「捨てる」ことができないのか? 自己否定につながるから
59 なぜ「捨てる」ことができないのか? 過去の成功体験があるから
63 なぜ「断つ」ことができないのか? 供給者の論理で考えるから
65 なぜ「断つ」ことができないのか? 安定した利益がほしいから
72 なぜ「捨てる」ことができないのか? 従業員、顧客を守るため
78 捨てる基準、選ぶ基準 顧客に価値を提供できているのか?
83 捨てる基準、選ぶ基準 機会損失を考える
88 捨てる基準、選ぶ基準 残す理由を論理的に説明できるか
93 「経営の枠」を意識すれば、「前向きな断捨離」ができる

Part 3

自分たちの強みと立ち位置を考える

102 自社の強みはわからない
106 誤った自己認識が、ムダな事業を創る
110 「捨てる」とは、常に自らの居場所を見直すこと

116 成功体験が立ち位置を見誤らせる
123 断捨離できる人の条件
128 断捨離は経営戦略
134 コラム　世界一、断捨離上手なモンゴルの遊牧民

Part 4

仕事は断捨離でうまくいく

140 ビジネスパーソンにとっての断捨離とは？
144 **ビジネスパーソンの人脈**　本当の人脈とは、数ではなく深められた関係
150 **ビジネスパーソンの人脈**　人脈は時間をかけて醸成していくもの
153 **付加価値の高い情報の集め方**　検索を捨てる
160 **ビジネスパーソンの時間**　許容量を超えると、自然と効率的になる
166 **ビジネスパーソンの時間**　なんでも自分でやろうとする意識を捨てる
174 「捨てる」ことで思考力が磨かれる
177 **問題解決能力を高める**　前提条件を捨てる
183 **学習能力を高める**　これまでの経験を捨てる
188 **数字で考える力を高める**　思い込みを捨て、どんなことも論理的に説明する

Contents

193 **プレゼンテーション力を高める** ムダをそぎ落とさなければ、伝わらない
199 断捨離が苦手なビジネスパーソンのタイプ
204 **大切なものを得るためのキャリアの考え方1** 20代、30代で捨てること
211 **大切なものを得るためのキャリアの考え方2** 40代、50代で捨てること
216 人生における断捨離

おわりに

カバーデザイン　高橋明香（おかっぱ製作所）
本文デザイン・ＤＴＰ　新田由起子・徳永裕美（ムーブ）

Part 1

ビジネスは
断捨離でうまくいく

「捨てる」のは手段であって、本当の目的は新しい未来への準備です。

「断捨離」とは、「現状が最良の状態に保たれているのか？」を常に自問自答することと言えます。

過去に縛られず、常に未来のためにオープンになっているか？

新しいものが入り込める余地を持っているかが重要です。

「新しいチャレンジをしたいなら、まずは箱を空にすべし」

ムダを排除し、限られた資源を生かす
「断捨離経営」

ビジネスを上手に展開していくには、「断捨離思考」が必要です。世界の一流企業と言われるところほど、「断捨離経営」を徹底していると言っても過言ではありません。

「断捨離思考」「断捨離経営」とはどんなことか？　それは、自社にとって強みを生かせる分野、事業、製品に経営資源を集中させ、それ以外の事業はやらない、捨てるということです。また、限られた経営資源を生かすための思考法や経営手法が徹底している企業であるとも言えます。わかりやすい例を挙げると、トヨタ自動車の生産システムは断捨離的な発想から生まれたものと言えるかもしれません。

トヨタの生産方式が優れているというのは、今や誰もが認めるところで、「カイゼン」や「カンバン」は欧米の経営の教科書にもそのままの言葉で出ているほどです。

私がモンゴルの大学の授業で使っているイギリスの教科書にも、この二つの言葉はしっかり登場しています。ＴＰＳ（トヨタ・プロダクション・システム）と呼ばれるこの方式

は、基本的には「ムダを省く」という思想に基づいています。このＴＰＳの原点となったのが、断捨離的な発想なのです。

１９５０年代、後にトヨタ生産方式の立役者と言われる豊田英二氏は、当時世界最先端工場と言われたフォードの工場見学に出かけました。そこで目にしたのは、非常に進んだ生産工程でした。ですが、豊田氏は「確かに素晴らしいが、これは日本では無理だ」と思ったのです。なぜなら、フォードの工場が途方もないほど大きかったからです。その大きな工場には、すべての部品が豊富に在庫され、効率よく生産されていました。

ですが土地が狭く、地価も高い日本に、同規模の工場を作るのは無理です。そこで、狭い工場を前提とした上で、徹底的にムダを省くトヨタ生産方式が考えられたのです。

新・片づけ術である「断捨離」も、限られたスペースの中でいかに快適に過ごすか、から生まれたものです。トヨタも同じで、限られたスペースでいかに大工場並みの効率的な生産ができるか、が発想のスタートだったのです。

その結果、在庫は徹底的に少なくし、必要な部品を必要なだけ必要な時に運び入れるというジャストインタイム（ＪＩＴ）のコンセプトが生まれました。必要な部品や量は、供給する側が決めるのではなく、必要とする側が使った分だけ補充するという「カンバン方式」、すべての工程が誰からも見えるようにした「見える化」、あらゆるムダ（付加価値を高めない各種現象や結果）を全員で省く活動をする「カイゼン」などが生まれたのです。

その結果、どうなったか？

◉断捨離経営がもたらしたもの

断捨離の効果は、単なる一時的な効率化だけではなく、あらゆる分野に好影響をもたらしました。

まず、部品在庫の水準が低いので、それだけ運転資金が少なくて済みます。これは財務面での貢献です。

また、常に必要最小限の在庫しかないので、部品管理の手間が大幅に省けます。車はおよそ3万点以上の部品からなると言われていて、そのうちの「ひとつ」でも欠けると、完成車としては認められません。したがって、部品の管理という膨大な手間がかかるのですが、そもそも在庫を持たなければこの手間は大幅に減少します。

さらには、品質問題の向上にもつながります。3万点もの部品を大量に在庫していては、錆が出るとか、紛失するとか、先入れ先出しができずに長期間放っておかれるとか、部品の品質問題が起こる可能性が非常に高まります。実際に一時のアメリカメーカーでは、本当に必要な部品は足りないが、部品倉庫には使う当てのない部品が山になっていた、ということもあったそうです。

車が進化するとともに部品点数が増え、アメリカのように工場に大量の在庫を溜めておくというやり方では、どんどんコストアップするようになってしまう一方で、トヨタは常に必要最小限の在庫しか持たず、ムダを徹底して削減するという方式を進化させ、コスト低減と品質向上を両立させることで、世界一の自動車メーカーに昇りつめたのです。

つまり、「スペースが限られている」という不利な条件を克服することによって、逆に競争上の優位性につなげたのです。

日本人にはもともと「限られたスペース・条件の中で最大限の価値を生み出す」という素養があるように思えます。限られた空間で宇宙を表現しているかのような日本庭園、狭い小部屋で最高のおもてなしをする茶室などの伝統的な空間作りもそうです。共通しているのは、徹底的なムダの排除で、本当に必要なモノだけで表現するということです。

ＴＰＳも日本庭園も、**徹底的にムダを排除した中から、本当に伝えたいもの、必要なものを生み出すことができた**と言えるのです。

「捨てるタイミング」を間違うと、結果はどんどん悪くなる

「断捨離」という言葉から、どんなイメージを持つでしょうか。「捨てる」という文字に、拒否反応を起こす方もいるかもしれません。特に、ビジネス、経営の分野で「捨てる」と言ったら、大規模な人員削減を想像されるかもしれません。

まず、「前向きな断捨離」と「残念な断捨離」があることを知っておいてください。

さきほど「戦略とは捨てることとなり」と申し上げましたが、実は、「捨てる」には「その事業をより生かすために自社から切り離す」場合もあれば、「捨てる他には選択肢がない状態になってしまった」という場合もあります。

事業を止める、製品を止める、とひと口に言っても、その意味合いはまったく異なる場合があります。これらの違いを「前向きな断捨離」と「残念な断捨離」と言うことができるでしょう。

◉俗に言う「リストラ」は「残念な断捨離」

最近は一段落したものの、数年前に「リストラ」という名の人員整理が毎日のように新聞を賑わしたことがありました。「リストラ」とは本来、リストラクチャリング、事業再構築というポジティブな意味であったのに、日本のマスコミ用語では「人員整理」として使われてきました。今では大企業による大幅な人員削減は忘れられているようですが、ちょっと昔の報道を思い出すと、りそな銀行や雪印乳業などはそれぞれ2000人を超えていましたし、マツダ、三菱自動車工業、いすゞ自動車などの自動車会社だけでも合計6000〜7000人いました。西武百貨店とそごうが合併した時には、7000人も削減され、ケンウッドが携帯電話事業から撤退した時には5000人削減とありました。いずれもリーマンショックという外的要因があった以前の報道です。

これらはすべて、経営者の失政のつけが従業員にきたものです。「従業員を守る」との美名の下、止めるべき事業を続けてきたことに原因があります。

同じ人員減でも、「毎年少しずつ」なら、配転、出向、転職支援など対応策はいろいろありますが、一度に「ドカーン」では手のほどこしようがありません。

ある事業の撤退、ある製品ラインの撤退、販売地域・店舗網の撤退などは、すべて行き着くところまで行って、仕方なく、あるいは外部の圧力で止めざるを得ない状態になったのです。いわば「残念な断捨離」と言えます。

◉本当の断捨離は、主体的なもの

では、同じ「捨てる」でも、「前向きな断捨離」とはどのようなものでしょうか?

それは、経営者自らが事業の将来性を把握した上で、主体的・能動的に「より良い事業に、限られた経営資源をシフトするために」「より良い事業者に優良な人材や資産を価値あるものとして譲渡するために」行なうものです。

企業がもっと「前向きな断捨離」を自発的に行なって、「残念な断捨離」を避けることができれば、企業業績の向上と従業員の幸せの両立は十分可能であると思います。

「リストラは悪」と単純に決めつける人もいますが、事業の再構築とは後手に回ってからでは遅すぎるのです。リストラクチャリングとは、常に先手先手でやらなければならない課題です。

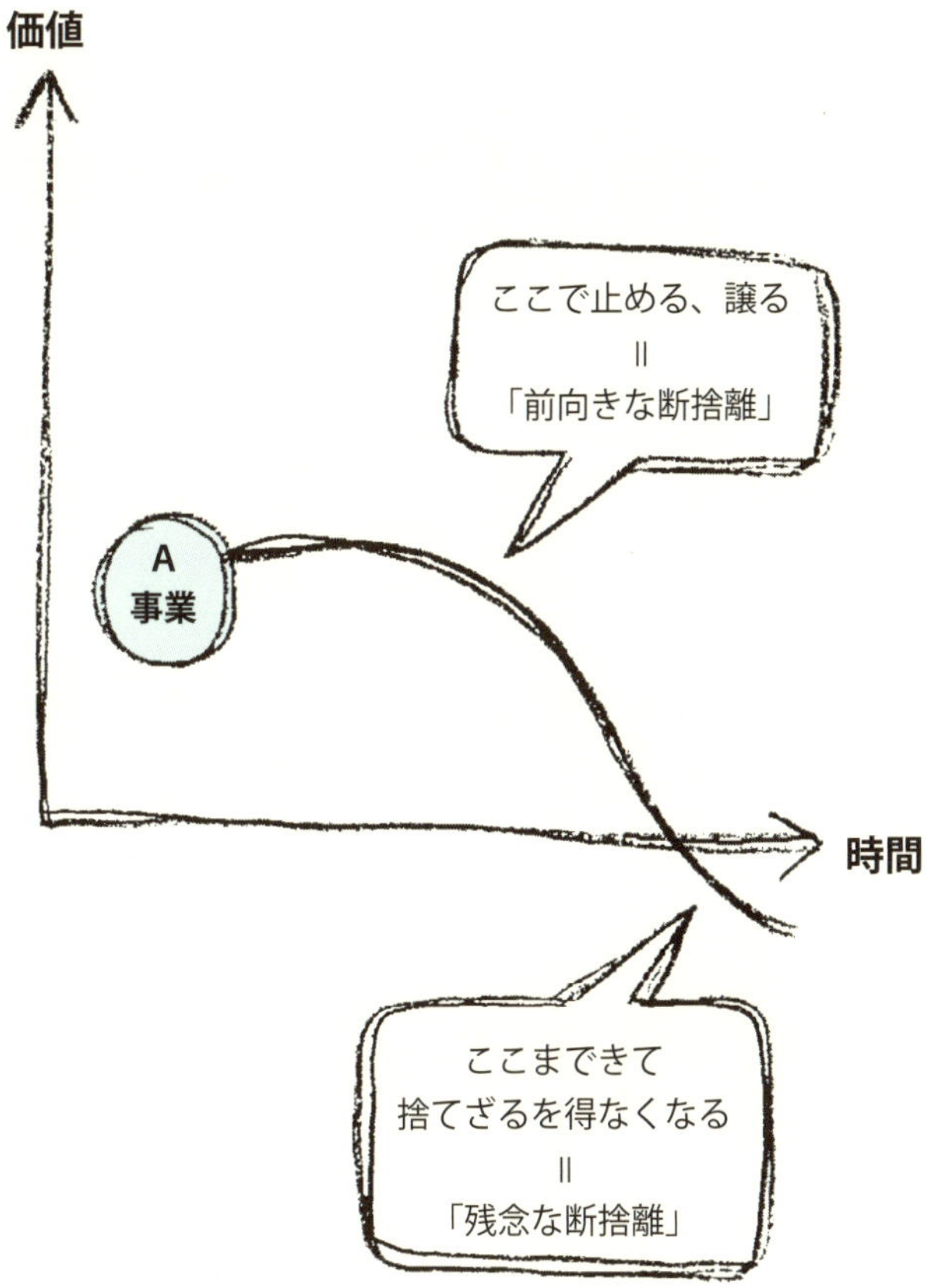
価値
A
事業
時間
ここで止める、譲る
＝
「前向きな断捨離」
ここまできて
捨てざるを得なくなる
＝
「残念な断捨離」

大企業ほど、ムダが増える

「戦略とは捨てることなり」と言っても、これを実行するとなると難しいのです。

経営コンサルタントとして、これまで多くの経営者に会う機会がありました。そこで気づくのは、「これから何をやりたいか」とか「わが社の将来の事業拡大について」を語る人が多いのに対して、「何を捨てるか？」「何を止めるのか？」を語れる人が驚くほど少ないということです。

なぜ捨てることが必要か？　答えは明白で、**経営資源に限りがあるから**です。**限りある経営資源を、新しい事業、より強化していきたい事業にシフトするため**です。

極めてシンプルな考え方ですが、多くの企業、特に大企業になるほど、この概念が薄い場合が多いのです。

◉大企業ほど気づかない

と言うのも、立派な大企業と言われるところほど、資金も人材もふんだんに集まりやすいので、社長も含めて「社内資源が有限である」という考えが、教科書的にはわかっていても、実際にはほとんど見えてない場合が多かったのです。

ある大手商社が、事業の見直しをする機会がありました。多くの事業部門で、無数の製品やサービスを抱えていて、収集がつかないほどの数にのぼってしまったのです。

そこで事業責任者に「あなたの管轄する事業における制約条件は何ですか？」と聞いてみたところ、驚くべき答えが返ってきました。

「うーん、特にないですね。もちろん、競争は厳しいですが、何かが制約条件になるということはありませんね。何でも自由にやっていいのが、わが社の社風ですから」とその責任者は言うのです。

「お金の制約は？」と聞くと「いいえ、ありません。わが社が欲しいと言えば、銀行は喜んでどんどん貸してくれますから」と。

こうなると戦略的な思考はまったく生まれません。

世界的に強い経営で有名なＧＥですら、「資金・人材は有限」「そのためには事業の入れ替えが必要、黒字事業でも売却をしなければ生き残れない」と考えているのに、多くの日本の大企業は、人材も資金も無限に近いと考えているのです。

当然ですが、その結果としてほとんどの大手商社が、その後リストラやグループ企業の見直しをせざるを得ない状況になってしまったのです。

反対に、中小・中堅企業のほうが、戦略的に優れている場合があります。優秀な中小企業の社長と話していると、非常に明確に意思が伝わってきます。まるでアメリカの優秀な戦略家と話しているようなのです。

彼らは自社の戦うべき領域が明確に頭に入っています。どこまでなら、わが社がリードできるか。それを超えてしまうと、大企業がやってきて市場を荒らしてしまうこと。有望な市場といえども、儲かる市場かどうかは別であること。自社が新しい領域に踏み出すには、何を諦めないといけないかということ、などがポンポン口から出てきます。つまり常日頃から考えているということでしょう。

戦略について議論をすると、欧米の戦略家と中小企業の社長のほうが似ていて、「捨てることは悪」であって、そんなことは考えたくないと思っている大企業経営者との違いが鮮明になるのです。

アップルが自社部品にこだわらない理由

ソニー、アップル、任天堂――どれも皆さんよくご存じの企業だと思います。
私たちから見れば、似たような商品を作っています。ソニーとアップルは携帯用音楽機器やパソコンで競合していて、ソニーと任天堂はゲーム機で競合していますが、この3社の中で一番大きな会社はどこでしょうか？　そうです、テレビもゲームもオーディオもなんでもやっているソニーです。

では、この中で一番儲かっている会社はどこでしょうか？　利益額、利益率、そして対象年によって任天堂だったりアップルだったりします。ですが、ここ数年で言えば「一番儲かっていない」会社はソニーです。

一番有名で、一番大きなソニーが一番儲かっていない、というのが現状です。ソニーと他の2社との最大の違いはなんでしょうか？　それは「断捨離経営」かどうかの違いと言えるでしょう。

ここで言う「断捨離経営」とはなんでしょうか？

ひと言で言えば、**自社が大きな価値を発揮できる分野にのみ資源を集中し、それ以外は「やらない」「捨てる」「もっと得意な人に任せる」**というものです。

◉ソニーとアップルの違い

企業が拡大していく上での付加価値の創造方法に、垂直統合（vertical Integration）と水平分業（Horizontal Specialization）があると言われています。ソニーとアップルはまさにこの方法の違いが顕著に出た例でしょう。

垂直統合は、要すれば「できるだけなんでも自社で開発し、その開発・製造ノウハウを自社の優位性にしよう」というものです。ソニーの例で言えば、ものすごく高性能な「セル」と呼ばれる半導体を自社で作るので、他社はそれが手に入らないからなかなか追いつけないだろう、と目論んでいたのでしょう。

他方、水平分業は、「餅は餅屋。他人が得意なところは、そちらに任せて、自社は自社が得意なところだけに専念する」というものです。アップルの例で言えば、アップルは携帯用音楽機器の「デザイン」「コンセプト」「ユーザーとのインターフェース」については、アイディア豊富で優位性があるけど、難しい半導体や他の部品は、世界中で一番いいものを安く作ってくれる会社から仕入れればいい、という考えです。

iPodが出た時に「中身はほとんど日本製かコストの安いアジア製品ばかりじゃないか？」「アップルは、この中身の何を作っているのか？　ただ組み合わせただけではないのか？」といった声が日本の技術者を中心に上がりました。

そして究極の声が「なんでソニーがこれを作れなかったのか？」でした。

●世界の一流技術を使いこなすために「得意領域」に集中する

最大の違いは、技術力ではなくスピード力の差でしょう。アップルは、商品企画に集中し、それ以外の部品は東芝などの一流メーカーに任せた、つまり、自社の強みを生かせない部分を捨てたのです。これを全部自力でやろうとしていたら、「自社の技術力の範囲内」の商品しかできず、「現在の世界の一流技術を使いこなす」こともできなかったでしょう。あるいは、それを全部自社で狙ったら、途方もない時間を必要としたでしょう。

垂直型と水平型のどちらがいいかは一概には言えませんが、日本の大企業は概ね垂直統合が好きです。ただ、最近の成功例を見ていると、垂直統合では限界があるのではないかと思います。特に変化の激しい世界では、水平分業にしないと生き残れないのではないでしょうか？　でも、これは意外と日本企業が苦手な分野かもしれません。

●すべてを自社で作ると、変化に追いつけない

垂直統合のメリットはわかりやすいです。開発段階から重要部品を全部自社で作り、しかも特許で守れば、なかなか競合他社は入って来られません。しかし、逆に言えば一つひとつの部品や構成要素すべてが常に競合に対してトップクラスである必要があります。

昔のコンピュータで言えば、ＩＢＭは半導体から基本ソフトまでほとんど全部を自社で作って、それが競争上の優位性につながっていました。それがパソコンの時代になったら……あまりに変化のスピードが速く、ついていくことはできませんでした。

競合は、心臓部の半導体はインテルなどの半導体専業メーカー、パソコンを動かすためのＯＳはマイクロソフトが、個別のアプリケーションソフトは世界中にたくさんあるローカルのソフトメーカーが、そしてパソコンの箱を組み立てるのはデルなどのパソコンメーカーが、それぞれしのぎを削って競争してきたわけです。これらを全部1社でやるのは、もうほとんど不可能です。変化が速すぎるのでしょう。

話をソニーに戻しましょう。ソニーは一体どこに強みを持っているのでしょうか？　ソ

ニーがイノベーターであり、常に新しい商品を消費者に向けて提案してきたことは誰しもが認めることです。でも、それが実現できたのは本当に技術だけなのでしょうか？

私は、消費者の動きやニーズを読んで、それを具体的な製品として提案し、消費者をワクワクさせる能力が抜群だったからではないかと思います。技術的な力だけで言えば、日立や東芝に比べて大きな差があるようには見えません。

多くの日本企業は、モノ作りが得意と言われてきました。それは今後も続くのでしょう。でも、消費者は、ソニーの「誰にも真似ができない半導体」が好きでゲーム機器を買うのではありません。「なんかわからないけど、ソニーのゲームって面白いよね」と感じて買うのでしょう。つまり、ソニーがどの部品を作っているかが重要なのではなく、ソニーが「消費者がソニーに期待する製品」をタイムリーに提供できるかどうかが重要なのです。

任天堂は、水平分業に徹して、小さな資産で最も収益を上げるビジネスモデルを確立しました。そして結局ソニーは半導体部門を半導体大手の東芝に売却したのです。遅ればせながら「断捨離経営」の重要性に気づいたというわけです。

断捨離とは、単に事業分野として優位性のない事業や製品を止めるというだけでなく、**自社の価値を一番出せるのはどこか？　他人に任せたほうがうまくいく機能は何か、を考えること**でもあるのです。

垂直統合

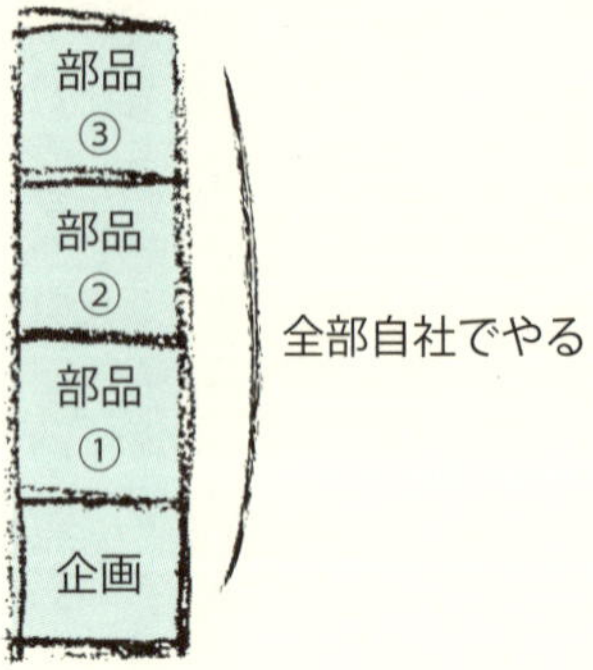

すべての構成要素がトップで
なければならない

水平分業

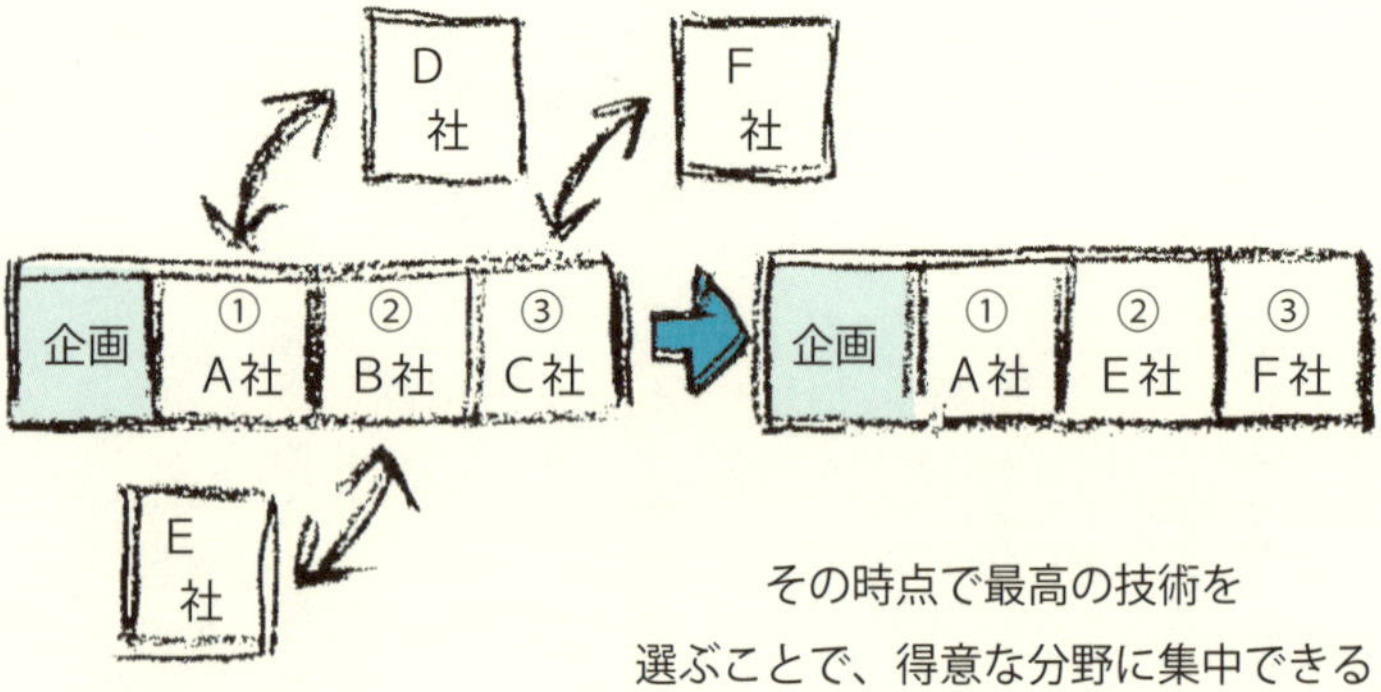

その時点で最高の技術を
選ぶことで、得意な分野に集中できる

無自覚でいると、ムダは自然と増える

ビジネスをする上で、陥りがちな罠は「供給者の論理に陥る」ということです。多くの企業は、「お客様のご要望で」とか「競合他社との競争関係で」など、さまざまな理由で、事業や製品を増やし続けます。

いずれも、その時点では正しい判断なのかもしれませんが、それらを見直す仕組みや考え方に乏しいと、製品は増える一方となります。

◉300種類のハンドルをユーザーは求めているか？

現在のCEOカルロス・ゴーン氏が来る前の日産自動車では、小型車サニーのハンドルが、なんと300種類にも上ったと言われています。ある半導体会社では、特定企業向けのカスタマイズ製品の種類が増えすぎて、たくさん受注しても生産効率が低すぎて赤字になってしまうという話も聞きました。

それらはすべて本当に必要なのでしょうか？　サニーを買う消費者は本当に300種類

ものハンドルから選びたいのでしょうか？

そこには供給者の論理でしか考えられなくなっている姿があります。製品数が増えていった背景には、「もっとスポーティなハンドルを」とか「もっとコストの安いものを」など、一つひとつもっともな理由があったのでしょう。

が、より根本的なことを考えれば、**新しいものを導入する際に既存のものを見直すというルールがなかった**ことが一因です。

半導体メーカーの場合、製品数があまりに多く、しかも当然のように似通っているものも多いので、顧客である電機や自動車メーカーに聞いてみると、「その程度の差なら、ちゃんと事前に言ってくれれば変更可能です」というケースが多かったのです。もっと言えば「大手の他社さんはもっとドライな対応で、生産が少量すぎるので打ち切りますと言ってきますよ」とまで言われました。

つまり、「お客様のため」というのは供給する側の論理に過ぎず、顧客と会話をしてこなかった結果と言えるでしょう。

なぜ、顧客の視点が持てないのか？　なぜ顧客ともっと突っ込んだ会話ができないのか？　それは「何も考えずに続けるほうが楽」だからです。人間は「変える」ことには拒否反応を示します。逆に言えば、今まで通りというのが一番いいのです。

◉製品アイテムが「自然に」減ることはない

ですが、市場での競争に勝つためには、ユーザーニーズに対応して「追加」をしなければなりません。これは仕事なので、嫌でも対応せねばなりません。そうなると一層「止める」という行為ができなくなるのです。

つまり、**「増やす」ことが自然に起こりがちなのに対して、何かを「減らす」のは自然に起こる現象ではない**のです。さらに言えば、減らすことには異を唱える人はいても、誉めてくれる人はほとんどいません。増やすことを歓迎する人は大勢いるわけですから、結果として、各企業の製品アイテムは増え続ける一方になるわけです。

洋服を買うばかりで、まったく処分をしない、使いきれないほどの量の無料のサンプルを溜め込んいる、そんな消費者にも似ています。

このように、事業や製品は「顧客の要望で」増やす時には、全社的にポジティブなバックアップが得られますが、減らす時には「孤独の戦い」となることが少なくありません。

そのためにも、「新しいものを導入する際には既存のものを見直す」とか「ある一定水準になったら、見直しの対象になる」などの事前のルールが必要になってくるのです。

なぜ総花経営はダメなのか？

「多角化」「総合化」などのキーワードは、特に1980年代、良いキーワードとしてもてはやされていました。それが、バブル崩壊以降は「選択と集中」に変わり、総合力にいつまでもこだわっている日立製作所などは、市場からはほとんど評価されなくなりました。

総合電機大手3社という言い方があります。日立製作所、東芝、三菱電機の3社を指すものです。この順番は売上の大きさを表していて、日立が一番大きく、三菱が一番小さいのです。昔は、企業を評価する際に、大きいこと、たくさんの事業を手掛けていることはひとつのプラス要因と考えられていました。実際、10年程前の日立の時価総額（投資家による企業評価と言えます）は三菱の2倍以上もありました。これが2010年3月期末には逆転し、今では三菱の時価総額のほうが大きいのです。

この10年で三菱の規模が逆転したのかと思えばそうではなく、今も日立の売上は三菱の2・6倍以上もあります。逆算すれば、三菱の売上は日立の3分の1強しかありません。

もう少し具体的な数字（2010年3月期末）の比較をしてみましょう。
日立は、8・9兆円もの資産と36万人もの従業員を使って、2000億円ほどの営業利益を上げています。他方、三菱は3・2兆円の資産と11万人の従業員で、940億円ほどの営業利益を上げています。こう見ると、日立のほうが若干非効率ではあるものの、大きな差はないように見えます。

ですが、その期間の最終利益を見てみると、日立のマイナス1070億円に対し三菱はプラスの280億円となっています。日立はたまたまこの年度に特別に損失計上があったのかと思えば、前期も前々期も大幅なマイナスです。つまり日立は、三菱の3倍近い資産と従業員を使って、三菱の利益以下どころか、数年もの間、損失しか計上していないのです。では、日立という会社のすべてがダメで、何をやっても儲からないのかといえばそうではなく、営業利益ベースでは過去3年間はきちんと利益を出しています。

◉断捨離経営と総花経営の違い

こうした現象は、実は断捨離経営と大いに関係があるのです。従来の多角化経営の理論は、高度成長時代には通用しましたが、今ではもう通用せず、足かせでしかありません。従来の多角化の考え方は、むしろ総花経営という形態で、簡単にまとめればこうなります。

市場は次にどこが成長するかわからない。家電かもしれないし、コンピュータかもしれないし、エレベータかもしれないし、携帯電話かもしれない。はたまた、その部品となる半導体かもしれない。それなら、成長する分野になるべく多く手を打っておけば、リスクは低減される。たとえば、公共投資が少ないので、今期のエレベータ事業は良くないかもしれない。しかし、半導体の調子が良ければそれをカバーしてくれるので、経営的には安定している——このように考えるのです。

つまりいくつもの事業をやっていれば、日本経済が順調である限り、全部が一斉に不調に陥るはずがないので、リスクを減らし安定経営できると考えるのです。一見、もっともな理屈に聞こえますが、実はこの考え方には大きな落とし穴があります。

それは**「競合」を考えるかどうか**です。

たとえば、半導体事業が非常に好調だったとしましょう。半導体は水ものと言われるほど、好不調の波が大きいので、儲かる時は大きく儲かります。他方、懸念された家電事業が消費低迷で赤字になったとします。その場合、半導体で儲けた利益を家電の赤字の穴埋めに使うことになります。これは、経営者としては「そういうこともあり得る」と、ある程度予定した行動です。「家電が好調で半導体が不調の時だってあるんだから」と「お互いさま」の精神で考えるのです。

◉「お互いさま」ではなぜダメか

こういった「お互いさま」の考え方には問題があります。それは「競合」の概念が入っていないことです。

半導体市場が好調な時は、競合他社も大きな利益を上げていることがほとんどです。その競合が半導体専業の企業なら、次世代の半導体開発のために現在の利益を大きくつぎ込んで、将来の戦いに備えます。一方、総花経営の会社は、儲けは必ず損している事業に回されるので、競合他社のように大きな投資に回せないのです。この考え方で経営を続けるとどうなるか？

強い事業は必ず弱くなり、弱い事業は必要以上に生き延びることになってしまうのです。現に、かつて日本の半導体事業は日立を始めとした総合電機大手が世界の上位を占めていた時代がありましたが、それらの儲けは、よくわからない数多の事業の損失補塡に使われ、競争力を落としていった結果、今ではほとんど跡形もなくなっています。今残っている半導体の会社が話題になるのは、大きな赤字とかリストラといったネガティブな話題だけです。

結局、かつての花形だった半導体は今ではどこでも、他事業の足を引っ張る金食い虫のように見られているのです。これが総花経営の行き着く結論です。

一方、三菱電機は、かなり早い段階から「今まで通りの総花経営は続かない」と判断し、洗濯機や石油ファンヒーター、携帯電話、液晶パネルなど多くの事業から撤退しました。日立に比べれば規模も小さいので、自社の強みのあるファクトリーオートメーションなどに資源を集中させるために意図的に資源シフトを行なってきました。その結果、全資産に占める「断捨離が必要な資産」が日立に比べて、ずっと少なくなったのです。

日立はといえば、優位性のない事業を清算したり、損失を計上せざるを得ない状態にまで追い込まれていました。その結果として、最終利益が大幅な赤字となったのです。つまり、日立の営業利益と最終利益の大幅な乖離の主な原因は「残念な断捨離」による特別損失であると考えられるのです。表面上（営業利益）は、ちゃんと利益を出しているように見えて、実際には過去の総花経営のつけを払い続けているというわけです。

本当の多角化とは、自社の優位性を築くことができる、あるいはシナジーを得られる分野に進出するという意味です。十分な優位性がないまま、成長しているから、自社でもできるから、という程度の理由で、「できる」ことを拡大することではありません。

総花経営の企業

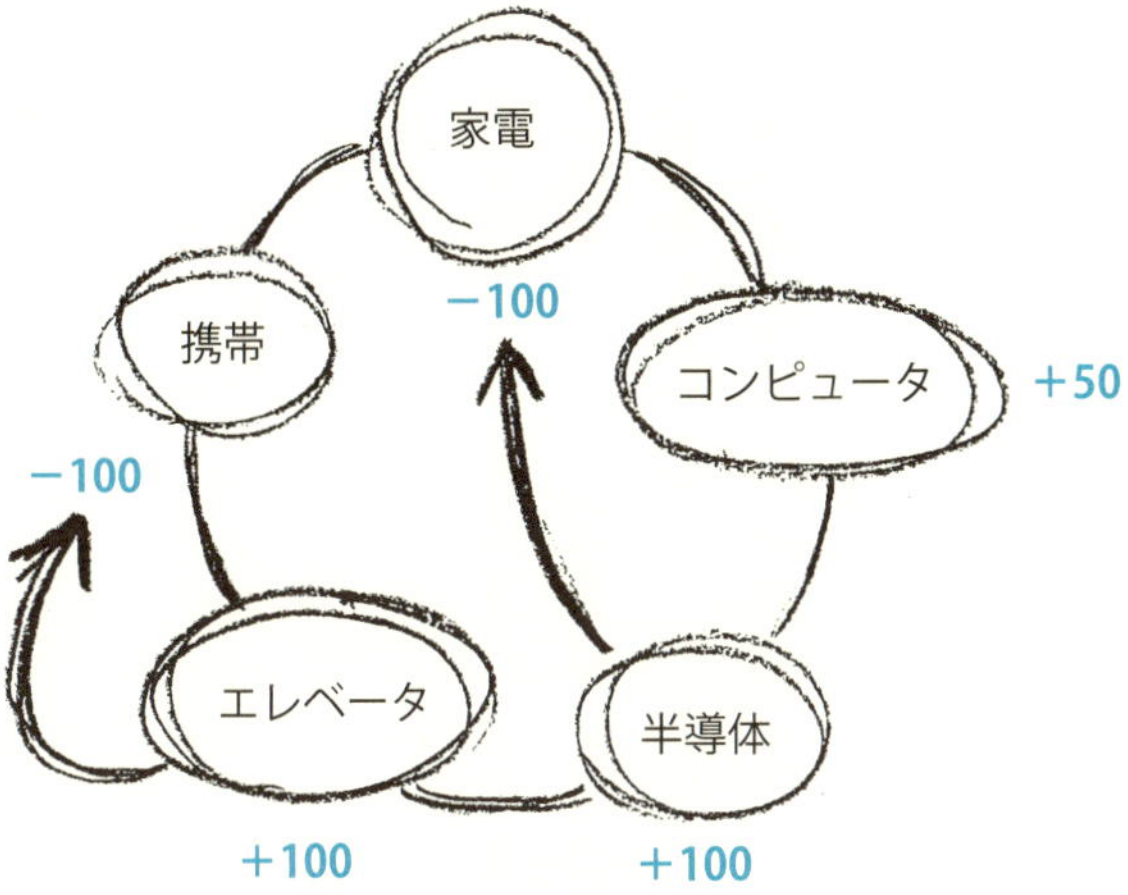

ある事業の儲けが赤字事業に使われる

競合する専業大手企業

儲けをすべて将来の投資に回せる

「できる」からといって やってはいけない

「会社を成長させたい」とは、誰もが思うことでしょう。そのために多くの企業が市場調査を通じて市場予測なるものを始めるわけです。古い話で恐縮ですが、ラジオとカセットテープレコーダーを組み合わせた「ラジカセ」が登場した当初、多くの市場調査では「非常に伸びる」と予測されました。そして見事、その通りになりました。

ここで気をつけるべきは、**「市場が伸びる」ということと、「そこへ参入すれば儲かる」というのとはまったく違う**という点です。誰もが「伸びる市場へ参入を」と考えたため、20以上もの企業が参入した結果、過当競争となり、ほとんどの企業が脱落していきました。

電卓も同じです。最近でいえば、デジカメや薄型テレビもそうでしょう。市場は伸びていますが、利益が出るかどうかは別で、多くの企業がその部門の撤退、縮小を余儀なくされています。

これは何も日本に限った話ではなく、アメリカのさまざまな分野でも見られました。

今、医療機械として馴染みがあるＣＴスキャナーを発明したのはイギリスのＥＭＩ（あのビートルズのレコード会社）です。ＥＭＩがＣＴをアメリカで発売するや大反響を呼び、わずか4年の間に20社近くが参入し、ほんの数年でそのうちの8割近くが撤退することになりました。市場規模は参入前に予測した以上に大きくなったのに、本家のＥＭＩは倒産の憂き目にあいました。

「とにかく成長市場だから参入すべし」と考えて事業を開始した企業は、その後否応なく「捨てる」「撤退する」という選択肢を選ばざるを得なくなったのです。

つまり断捨離の未熟企業は、流行に乗って不要な服やらバッグを大量に買い込んでしまい、その後泣く泣く大量に処分せざるを得ない消費者と同じことをしていると言えます。

◉成長市場でも、強みがなければ「断つ」

「市場が伸びるらしい」ということで確かな競争上の優位性を持たないまま参入してしまうと、厳しい競争についていけずに余儀なく撤退せざるを得なくなるのです。

「厳しい経営者が、頑張っている事業を血も涙もなく閉鎖する」「乗り込んできた外資系企業がリストラした」といった論調の報道を見聞きすると、「働く人のことを考えていないのか？」などと思いがちですが、それは近視眼的な見方でしかなく、本当の原因は事業開始時にあるのです。

断捨離の目的が「不要なモノを捨てる」ことではなく「本当に必要なモノ以外は買わない」ことであることに類似しています。これは典型的な「残念な断捨離」です。

新しいことを始める時には、自社に**競争上の優位性が十分あるのか**を理解しなければ、将来的に悲痛な断捨離を多くの人に強いる可能性があるのです。

なぜ「捨てる」「断つ」が必要か

経営資源が限られているから

市場環境の変化が速いから

意識していなければ、
ムダは自然と増えるものだから

総花経営では、専業大手に勝てないから

価値があるうちに主体的に「捨てる」

ＩＢＭは、コンピュータの会社です。大型コンピュータからのダウンサイジングに苦しみましたが、パソコンの世界でもトップクラスの実績を誇る企業となり、１９９０年頃には史上最高利益を更新していました。しかし、その後のパソコン業界の構図の変化、ＩＢＭ自身のソリューション・プロバイダーへの変化などを通じ、自社のメインビジネスであったパソコン事業を中国のレノボに売却しました。

ここで大切なのは、**「ボロボロになって事業価値がなくなり、従業員も疲弊しきってからの決断」ではない**ということです。価値があったからこそ、交渉上も有利になり、従業員や幹部の保証やブランドの扱いについてもＩＢＭが満足できる条件となったのです。

「断捨離」が苦手な企業の多くは、「もうどうしようもない。首をくくる寸前だ！」というところまで我慢するので、事業売却するにしても有利な交渉ができなくなってしまいます。

企業の事業売却は、多くの従業員に関わる話であることが多いので、「価値のあるうちでの判断」が非常に大切です。カネボウにしても、より価値のある時期に国際入札をしていれば、従業員の待遇も含めて相当有利な交渉ができたことでしょう。

◉前向きな断捨離　ミノルタのカメラ部門をソニーへ

断捨離が苦手な企業が多い日本でも、良い例は見られます。最近では、コニカミノルタのカメラ部門をソニーへ売却したケースが挙げられるでしょう。

ミノルタはご存じのようにカメラの名門企業で、世界初のオートフォーカス一眼レフ「α7000」は、世界の多くのカメラ大賞を受賞した名機でした。私も「α7000」で一眼レフの世界に魅了された一人です。規模ではキヤノンなどに比べれば劣りますが、ブランド力や技術力では決して引けを取らなかったと思います。

ですが、カメラにもデジタル化の波が訪れ、コニカと合併することになりました。新会社は、複写機などの事務機器やヘルスケアに集中し、カメラやフィルム部門（この2部門は、両会社の本業部門）を撤退することを決めていました。そこにソニーが名乗り出たのです。ソニーは、コンパクトデジカメでは成功をおさめていましたが、より伸びが期待できるデジタル一眼レフへは参入できていませんでした。

ソニーの資金力、ブランド力とコニカミノルタの技術力が見事に合わさって、ソニーの

αシリーズが生まれ、ほんの数ヵ月間のうちに世界トップブランドの仲間入りを果たしたのです。日本で発売されたほんの1ヵ月後、中国の田舎の観光地で誇らしげに「ソニーのα」を持っている中国人を見た時に、私はこの事業譲渡の正しさを実感しました。

ビジネス誌などから、ソニーに転籍した元コニカミノルタの技術者らの話が伝わってきました。高い技術を持ったコニカミノルタのカメラ技術者は、ソニー内で非常に大切に扱われているとあり、技術者自身も資金力のある新しい環境に満足していました。

世界の消費者を喜ばせることができ、転籍した技術者もやりがいを感じ、もちろん買収したソニーも、短期間で一眼レフ大手の仲間入りができた——誰にとっても素晴らしい断捨離だったと言えるでしょう。

これを可能にしたのは、ボロボロになるまでこだわり続けることなく、十分に価値があるうちに売却を決定した経営陣にあると言えます。「できるところまで頑張ってみよう！」と続けていたらどうなるか？　毎年赤字でしょうから、技術者たちが減っていき、社内各署にバラバラになってしまい、ソニーからしても魅力的には映らないでしょう。そして当の技術者たちも、長年のカメラ開発への自信も失い、多くは面白みのない企業人生を送ることになってしまうでしょう。

「前向きな断捨離」は、こうしてみんなを救うことができるのです。

買収する企業にとって価値があるうちに
最適な相手に譲れば、事業価値は向上する

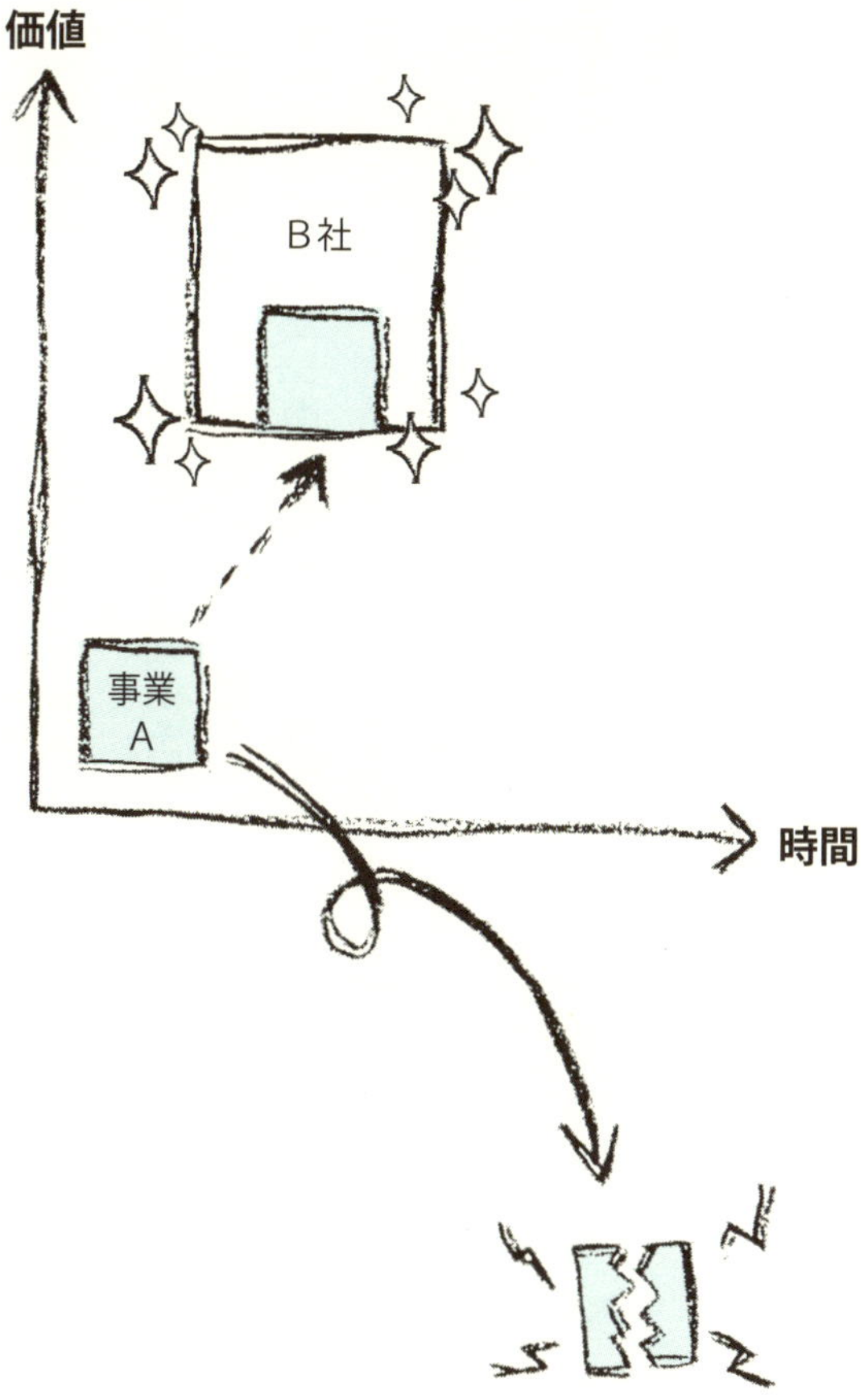

捨てなければ、得られない

日本の大企業のうち、いざとなれば捨てる勇気を持っている、断捨離経営を実践している企業はどこかと問われれば、私は本田技研工業と答えます。

言うまでもなく、ホンダは日本を代表する大企業であり、売上は連結ベースで８兆円を超え、従業員も17万人を超えています（２００９年12月末現在）。必然的に事業を絞り込まなければならない中堅・中小企業と違い、やろうと思えば多少の非効率さには目をつぶり多くの事業を継続できる体力は十分にあります。

にもかかわらず、ホンダは徹底的に断捨離を実行してきました。といっても、捨てるだけではありません。これまでの歴史を振り返ってみると、創業以来、こぢんまりとひとつの事業に特化し、留まってきたのではなく、二輪車、四輪車、汎用機、さらには飛行機にまで事業を拡大してきた、積極性溢れる企業であることが理解できるでしょう。

ホンダは二輪車で世界一になると、１９６３年に初の四輪車となる軽自動車に参入しました。この時の二つのエピソードはその後のホンダを占ううえでも興味深いものでした。

ひとつはエンジンです。車は軽トラックでしたが、なんと日本初のＤＯＨＣエンジンだったというのはホンダらしいエピソードです。ＤＯＨＣエンジンはその後、世界的にもスポーツタイプの車に搭載されるようになった、高出力の得やすいエンジンだったのです。

もうひとつは、当時の通産省はホンダの四輪車進出に猛反対したというのです。日本はトヨタ、日産で十分であり、ホンダは二輪車に徹していれば良いというわけです。創業者の本田宗一郎は、政府の反対を押し切って四輪事業を開始したので、他人からの援助は一切当てにせず、果敢に挑戦することとなったのです。

そして、ホンダは「Ｎ３６０」というベストセラーを生み出し、後発であるにもかかわらず、見事、軽乗用車ナンバー１のシェアを獲得しました。

●トップシェアの事業から、自ら撤退

続いて、軽自動車ではなく小型車（日本でいうところの登録車）への進出を計りました。二輪車同様、世界へ打って出るには小型車が必要だったからです。二輪車や軽自動車からの利益をつぎ込み、「シビック」を世に出しました。

そして１９７４年、大きな決断を下します。過去に、これ以上インパクトのある決断はないと思われるような意思決定です。それは、トップシェアを誇っていた軽乗用車市場か

らの撤退です。日本企業の中で、**市場が成長しており、利益も出ているトップシェアの事業を自らの意思で撤退した**例を他には知りません。

この決断の背景には、「なんとしても、シビックを日本だけでなく、アメリカでも成功させたい」という強い意志があると同時に「我々はトヨタや日産とは違う。経営資源は限られている。何かを成し遂げるには、その代償が必要だ」という冷静で謙虚な姿勢があったのです。

そして見事、「シビック」はアメリカで大人気となり、今もコンパクトカーのベストセラーカーとして君臨しています。「シビック」の成功が、今日のグローバルな自動車メーカーとしての成功の直接の契機になったのです。

同時に、失ったものもあります。ホンダの撤退のあと軽乗用車市場で首位となったのがスズキです。その後、スズキは今に至るまでほとんどの期間を軽自動車ナンバー1メーカーとして君臨してきました。

ホンダの断捨離経営は、これにとどまりません。それはＦ１への参戦です。創業者の強い思いもあり、ホンダは早い時期からＦ１に参戦していました。１９８３年に開始した第2期参戦後は順調に成果を残し、１９８8年にはホンダエンジンを搭載したマクラーレンが16戦15勝するなど、ホンダのエンジンが最も高性能であることが証明されました。これによって特に欧州でのホンダのブランドイメージはアップし、ホンダの躍進につながったのです。

●F1を捨て、ミニバン開発に集中

栄光の絶頂にあったF1も、1992年に撤退します。当時のホンダは特に国内販売で苦戦を続け、国内向け乗用車開発に集中すべく撤退しました。この後、国内専用車に開発を集中した結果生み出されたのが、1994年の「オデッセイ」、1996年の「ステップワゴン」であり、ともに大ヒット車種となりました。トヨタが2車種のコンセプトを真似た車（「イプサム」「ノア」）を発売するほどでした。

世界最高峰のレースと国内向けミニバン開発は、一見して何の関係もなさそうですが、両者ともに大きな開発費と多大なエンジニアのリソースを使います。つまり、**レースとミニバン開発の両方に取り組むことは、事実上、不可能**なのです。そう考えたホンダの経営者は断捨離を決断し、見事にその痛みある決断を成功に結びつけたというわけです。

直近で言えば、高級車、大型車の断捨離です。ホンダには、「NSX」「レジェンド」などの高級車、大型車の歴史があります。そして、アメリカにおける最初の日系高級車チャネルであるアキュラも持っています。ホンダは、小型車中心で、若いユーザー中心の事業構造から、高所得者、年配のユーザーにもアピールすべく投資を行なってきました。

ですが、昨今のエコカーブーム、新興国ブームの流れの中で、限りある経営資源をどこに投入するかを考えた時に、「NSX」「レジェンド」後継車の開発を**自らの判断で**（一時的に）**断念した**のです。

断捨離経営とは、誰もが不要となった事業を止める、赤字でどうにもならない事業を止めることではありません。それは映らなくなったテレビを捨てるのと同じで、ガラクタを捨てる行為でしかありません。断捨離経営とは、**資源をより有効に生かすための決断**であり、**前向きな経営判断**なのです。

ホンダの断捨離経営のDNAは、創業者の本田宗一郎氏にその起源があると言ってもいいかもしれません。ホンダの経営そのものが、彼にとっては断捨離でした。彼は技術者であり、大きな夢を持っていたドリーマーでもありました。そのためには、ホンダを発展させなければなりません。彼は自分の得手不得手を明確に自覚し、不得意な経理や管理の仕事を捨てて、技術開発に集中しました。経営管理は副社長の藤沢武夫氏に任せきりにして、本田氏個人の実印も藤沢氏に預けっぱなしだったと言います。それによって、本田氏は煩わしい経営管理業務から一切離れて、開発業務に専念できたのです。

もうひとつ、本田氏が断捨離したものがあります。それは家族経営、同族経営です。本田氏と藤沢氏は、お互いの子供を入社させないことを決めました。ホンダが発展する前から貢献していた本田氏の実弟である本田弁二郎氏も退社させるという徹底ぶりです。創業者一族による会社の私物化を恐れた本田氏の信念によるものでした。

捨てるモノの裏には、必ず得るものがあります。余計な経営管理を捨て、自分の一番の強みに集中できる。創業者経営の弊害を自らの規律で切り捨て、後世に優秀な人材とオープンな経営風土を残す。本田宗一郎氏は、経営者個人としても断捨離を実行できた稀有な経営者だと言えるでしょう。

Part 2

捨てられない理由と、捨てる基準

価値の本質を知るのは、捨てる経験から。

あれこれ新しいモノを欲しがって、その積み重ねでモノが増え、結果として捨てることが必要になる。捨てる時の経験、思考が、モノや仕事の価値の本質を見抜く目を養う。それが断捨離の「断」になる。何もないところから始まると、追加のモノは「ありがたい」。が、モノが豊富だとマイナス思考になってしまう。たくさんあるけど「まだ足りない」と思って、また次を探す。

自己否定につながるから

▼なぜ「捨てる」ことができないのか？

すでに申し上げた通り、企業に関連する断捨離には、「前向きな断捨離」と「残念な断捨離」があります。「前向きな断捨離」は、常に自社の事業構造を見直し、不要なもの、将来性のないものを早い時点で見極め、まだ価値があるうちに事業売却などの手を打つことです。

「残念な断捨離」は反対に、先の見込みのないまま決断できずに「いや、市場環境が変わるかもしれない」「もしかして来年の新製品が当たるかもしれない」などという理由で、ズルズルと決断を引き伸ばし、その結果、どうしようもない窮地に陥り、否応なく捨てざるを得なくなることです。「残念な断捨離」は大変多くの人々を不幸にします。が、こうなった場合、外科手術と同じで誰かが断行せねばなりません。

ですが、ここまで至ってしまっているにもかかわらず、決断できないケースが実際には多いのです。

最近ではこうした状況に陥った時は、外部の人に依頼するケースが増えています。外部とは、経営者を社外から呼ぶこともありますし、経営コンサルタントなどの第三者に診断を依頼する場合も含まれます。日産のような超巨大企業となると、カルロス・ゴーン氏のような外国人に頼らざるを得ないケースも出てきます。ソニーのハワード・ストリンガー氏も、ある意味「外部」と言えるでしょう。

◉経営者にとって、事業の断捨離は「自己存在否定」

なぜ、外部や外国人のほうが断捨離をうまく実行できるのでしょうか？　誰もが考えつく答えに、「過去からのしがらみがないから」ということがあります。

「モノの断捨離」をするうえでの一番の敵は、「思い入れ、思い出など」と、断捨離の提唱者であるやましたひでこさんはおっしゃっています。

経営でも同じことが言えます。企業の場合、一般的にその会社で最もよくやって来たと思われる人が経営者になるわけです。それは要すれば、経営者になる過程で、**今ある姿に至る決断にたくさん関わってきた**ことを意味します。

- 社外からは「もうダメではないか？」と言われた事業を残し続けた決断
- 「そんな甘い改革では再生は難しい」と言われ続けた改革を引っ張ってきた
- 未だにモノにならない事業を、実は部長時代に脚光を浴びながらスタートさせた実績など、さまざまな過去を引きずっているのです。つまり、そうしたエリート経営者にとって、断捨離とは「自己否定」でもあるのです。単なる自己否定ではなく「自己成功否定」や「自己存在否定」とも言えます。ですから、「思い出に浸るノスタルジック」などではなく、この自己否定の壁で、どうしようもなく動けなくなる経営者が多いのです。

本当にやらねばならないことは、今を生き伸び、夢のある未来への決断です。企業にとっては、過去よりも現在・未来のほうが重要であるのは当然ですが、経営者とは結局は一個人であり、それができずに泥沼に陥ってしまうというわけです。

日本航空や旧三洋電機、旧ダイエー、ゴーン氏就任以前の日産の経営陣などを見れば、いかに決断することが難しいかがわかります。場合によっては、自己否定どころか、その経営者の半生の全否定にもつながるのですから。

他方、外部から来た経営者は、まったく視点が異なります。多くの場合、そういう外部からの経営者は株主などの要請によって経営に当たりますが、彼らにとっての視線は未来のみです。そのために現時点で何を決断すべきか、を最優先に考えます。過去は尊重するものの、結局はその過去が現在の問題を引き起こしたに過ぎない、との立場で臨みます。

過去の成功体験があるから
▼なぜ「捨てる」ことができないのか？

ひと口に断捨離と言っても、企業にとっての対象は子会社、事業部門あるいは製品だったりと、さまざまなケースが考えられます。当然ですが、大きな事業部門は難しく、小さな製品のほうが比較的容易です。何を断捨離すべきかは、市場環境や自社の競争力、今後の自社、競合の投資見込みなどで判断し、辛い思いをする人が多くなるケースほど、特に客観的な視点で見ることが重要になると言えるでしょう。

しかし実際には、「心」の問題が要因となって、断捨離できないという場合が少なくありません。そして、これまた多くの場合、現場の従業員の方が肌で「このままではまずい」と感じているのに、経営幹部が決断できないことが多いのです。

ひとつ例を挙げましょう。ある日用品大手メーカーのシャンプー事業のシェアが長期低落傾向を示していました。それでも、昔はシェアナンバー1だったこともあり、特に黄金時代を経験していた経営幹部らには、なんとかしたいとの思いが強くありました。

そんな中、外部の第三者が市場を詳細に分析した結果、消費者の行動や購買基準が大きく変わっており、競合製品のポジショニングや広告戦略は当時と比べ物にならないほど強力になっていることが判明しました。つまり市場のルールが根本的に変わっていたのです。

◉「情」で数十億円が動いてしまう

ですから、客観的に見れば「もしこの市場で戦い続けるなら、製品コンセプトから大きく変えて、大幅な投資を覚悟の上で再出発するしかない。それができないなら、もう諦めるべき事業である」との結論に達しました。

しかし、実際にとった行動はまったく逆のものでした。既存の、しかもすでに競争力を失ったブランドに数十億円の広告費を投入したのです。当時、この会社は業績が低迷しつつあり、数十億円もの資金は開発部門でも他の製品部門でも喉から手が出るほど欲しいお金でした。にもかかわらず、そちらに回すことなく、製品戦略の再構築もしないまま大金を投入してしまったのです。

「なぜ？　どういう経緯で決まったのか？」

答えは、そのブランドを担当していた役員が「もう1回勝負させてくれ」と情に訴えかけたからでした。そしてその役員の要望で、昔ヒットしたコマーシャルのリメイクのような広告を大量に投入しました。

通常、製品戦略・販売戦略を連動させている場合は、テレビコマーシャルの投入と店頭の動きは、やや時間差がありながらも相互関係が見られるものですが（要するに、広告を打つと商品が売れるという意味です）、この時はほとんどそれがなく、結局なんの結果も得られませんでした。現在、その会社のホームページにそのブランドは掲載されていません。おそらく断捨離されたのでしょう。

◉経営幹部が断捨離できない理由

断捨離されるべきものが残るというのは、単に残っているというだけでなく、他に回すべき資金を使ってしまうという悪い面があります。しかも、幹部の情緒的な指示でより悪化させてしまうのです。外から見ると、一製品の撤退はさほど難しくはないのですが、一番難しいのが幹部などの人の心の問題です。

そもそも、大企業経営者の多くは、新入社員時代から勤め上げてきた人というケースがほとんどです。30年以上にも及ぶ社長レースを勝ち抜くには、単に業績向上というプラス評価があるだけではなく、周りを惹きつける人格や幅広い経験が求められます。

「あの人は、日陰の部署にも気配りが効いて、素晴らしい」「わが社の細かい事業や小さな顧客のことまで目配りが効いている」などは、当然ながら良い評判に当たりますが、その分「不採算事業の撤退」などの厳しい判断はしづらいし、役員といえども株主からの評価より社内での評価を気にせざるを得なくなるでしょう。これでは、断捨離の実行は無理なのも仕方ありません。

多くの社長たちの華やかな経歴には「あの事業は、部長時代に立ち上げたものだ」とか「経営企画室長時代に新規事業をどんどん立ち上げてきた実績がある」などという「捨てた」貢献ではなく、「始めた」功績のほうが多いのです。

しかし、会社の効率化、各種指標（ROEやROAなど、投入する資源に対してどのくらいの利益を上げることができるか？）が重要になってくる時代には、いかに「前向きな断捨離」ができるか。それ以前に、いかに正しく事業を始めることができるか、が重要になってくるのです。

これからは、「危機的状態にあった子会社を再建した」とか「歴代幹部が、どうしても処理できなかった不採算事業の撤退を成し遂げた」という人が、経営者に推挙される例が増えていくでしょう。厳しい事業を経験したからこそ、新しい事業の立ち上げには、強い意思と顧客への提供価値がなんであるかの深い洞察力を備えることができるのです。

供給者の論理で考えるから

▼なぜ「断つ」ことができないのか

「余剰人員を生かせば良い」という社内論理に基づいて、新規事業に参入するケースは数多くありました（厳しい言い方かもしれませんが、そういう事業は実はかなりたくさんあったのです）。

特に鉄鋼会社に多く見られました。鉄のプロを目指して入社したのに、やらされる事業は縁もゆかりもない……そんな事業がたくさんありました。

◉誰のためのハムなのか？

有名なのは、新日鉄による遊園地、スペースワールドでしょう。当然のように巨額の赤字を抱えてしまいました。それでもコンピュータ技術に優れた新日鉄なら、顧客に新しい価値を与えてくれるのではないかと期待はされました。

川崎製鉄（現ＪＦＥ）は、工場から出る熱を利用してウナギの養殖をやっていました。ＮＫＫ（現ＪＦＥ）はなんと、ハムの会社を持っていました。

どんな事業であっても、顧客に価値を提供できれば、まだ問題はありませんが、NKKの場合はどうだったのでしょうか？　高級ハムとして売っていたので、事業の中心は盆暮れのギフト市場です。ですが、そのギフトの売上の半分以上が、なんとNKKグループのお中元、お歳暮向けだったのです。

当然ですが、これらの事業はほとんど社内論理で生まれたものであり、顧客への価値はほとんど実現できないまま断捨離されてしまいました。

すでにお伝えしているように、断捨離の一番大切なことは、捨てることではなく、「将来捨てる状態になる事業はやらない」ということです。もちろん、どんな事業もやってみなければ結果はわかりませんが、多くの場合、**最初からうまくいかないことはわかっているの**です。なぜなら、うまくいかない事業の多くが、「顧客にとって価値ある事業なのかどうか？」で判断されずに、**自社の都合、いわば供給者の論理に基づいて始められたものだから**です。

「従業員のため、既存顧客のために必要な事業」と言われるものの多くが、実際には会社の方針で一生懸命に取り組んだ社員のビジネスパーソンとしての人生を台なしにしたり、それを信じた顧客を裏切る結果になるのです。

安定した利益がほしいから

▼なぜ「断つ」ことができないのか？

サッポロビールとアサヒビール、実はこの2社は、戦前は「大日本麦酒」という日本一のビール会社でした。もともとひとつの会社だったのが、戦後の財閥解体で分割されたのです。サッポロは主に東日本の地盤を、アサヒは主に西日本の地盤を引き継ぎました。

分割当時は、キリンビールを含めた3社は同規模のシェアでした。その後、家庭用に強いキリンが、業務用に強かったサッポロ、アサヒの両社を抜き、長い間トップ企業となったのです。

同根会社であるにもかかわらず、東日本を地盤としたサッポロは業界2位を安定的に確保し、アサヒはそこから大きく後れた3位でした。サントリーの参入後もこの構造は変わりませんでした。

同根会社とはいえ、実際には大きなハンディがありました。サッポロは膨大な恵比寿の土地を所有し、バブル絶頂期には大変な資産価値となりました。一方のアサヒは、ビール事業のみ。背水の陣で、ビールで勝負する以外に生きる道はない状態でした。

スーパードライが登場する前のアサヒのことは、よく覚えています。毎年シェアを落とし続け、ついには10％を割り込み、後発のサントリーにすら抜かれるんじゃないかと、営業の現場では心配されている状態でした。現場の営業マンが弱々しく見えてしまったほどです。

サッポロはといえば、キリンに大きく水をあけられていた一方で、3位のアサヒも遥か遠くにいたので、「第二位は安泰」というポジションでした。

その後の両社に、大きな変化が訪れました。ともに変化はバブル絶頂の1990年前後に起こります。サッポロは、膨大な価値を持つ恵比寿の土地の再開発に、会社を上げて取り組み、恵比寿ガーデンプレイスという不動産事業を経営の柱にしました。まさに持てる者の強みです。あのような土地をゼロから買い進めて開発するとなると、気の遠くなるような時間と労力が必要ですが、サッポロにとってはもともと持っていた土地です。経営者からすると、毎年の利益の一定部分を長期的に賄えるので「保険」を得たような気分だったことでしょう。

一方のアサヒは何をしたか？　土地も何もないので、やるべきことはビール事業の強化だけです。そして1987年にスーパードライを発売し、10年もの年月をかけて不可能と思われたキリンのラガーを抜いて、トップブランドに躍り出たのです。
この躍進は世界的にも大きな成功例となり、ハーバード・ビジネススクールの教材にも取り上げられました。

●本業が凋落し、「保険」がメイン事業に

アサヒがトップブランドに躍り出た後の10年、つまり最近の状況はどうなっているのでしょうか？

アサヒはビールとしては不動のトップを守り続け、ビール系飲料合計でも常にキリンとトップ争いをしています。サッポロはといえば、不動産から安定収入を充て込んでいるうちに、ビール販売は凋落を続け、遂にはサントリーにも抜かれ4位に転落してしまいました。その結果、利益水準はこの業界で最も低くなり、しかも全社に占める不動産事業の営業利益が5割を超えるようになりました（２００９年度連結決算）。つまり**「いざというときの保険」だったはずの不動産事業が、メイン事業になってしまった**のです。

不動産事業を除いてアサヒと比較するとアサヒが売上では4倍、営業利益では15・4倍と大きな差がついています。これを２０００年の決算で見ると、アサヒが売上で２・５倍、営業利益で６・７倍でしたから、その差はどんどん開いています。

外資系のあるファンドからは常に「経営が下手なので、やりようによって好転する可能性がある企業」と見られるようになりました。

これは何を物語っているのでしょうか？　結果論ではなく、明らかに断捨離を怠った結果と言えます。恵比寿の不動産開発は、自社でやるべきではなかったというのが答えです。

なぜ、不動産開発を自らが行なったのかといえば、答えはひとつです。多少ビール事業が不調になった場合でも、**常に安定した利益が欲しかったから**、という考えです。

これは誰にとっての視点でしょうか？　ビールの愛好者？　そうではありません。経営者のためです。もっと言えば、経営者の保身のためです。**多少失敗しても、最終利益がいつも確保されていれば、誰からも文句は言われないだろう**という考えです。トップがこうだと、当然従業員にその考えは伝染します。「ウチは安泰だ」と。

今のサッポロは、ビール業界でもっともビール事業に熱心ではない会社と見られます。トップのアサヒは上述のように、今も一番ビール事業に集中し、国内のみならず海外へも進出しています。長年トップに座り、お坊ちゃん気質だったキリンも、アサヒに抜かれてからは死に物狂いでビール事業に取り組んでいます。ある意味、アサヒという強力なライバルの出現が、「品質本位」さえ謳っていれば安泰だったキリンの闘争心に火をつけたと言えるでしょう。「やってみなはれ」のサントリーも、ウィスキーが売れていた頃は「赤字でも構わん。続けなはれ」と大名気分でしたが、ウィスキーが大幅に減少し（サントリーの利益源だった「オールド」の２００５年の販売量は、１９８０年のなんと20分の１以下に落ち込んだ）、それどころではなくなったのです。必死で黒字化せよとの厳命の下、プレミアムモルツのヒットなどでシェアアップし、見事黒字化したのです。

そんな中、サッポロビールならぬ、「サッポロビル」と揶揄されるようになったサッポロのビール事業は、当然の帰結として、落ち込む一方でした。

●なぜ本業に集中できないのか？

では、サッポロはどうすればよかったのでしょうか？

それはビール事業へのさらなる集中です。バブル期であれば、あの土地の開発権利は相当な高値で売ることができたでしょう。そのお金を基に、世界進出に打って出ることができたはずです。今でこそ、アサヒやキリンは海外進出に熱心ですが、以前はサッポロが日本のビールとしては海外売上ナンバーワンだったのです。当時の不動産の販売価格は正確には計算できませんが、海外へ本格進出するには十分な資金であったでしょう。アサヒやキリンが本格的に進出する10年も前から、買収などの手を打っていれば、今頃海外では断トツの日本ブランドとなっていたことでしょう。

それがなぜできなかったのか？　最大の問題は、経営陣の自信のなさであると、私は考えます。

当時、仮に手元に３００億円あったら何に使うか？　ビール事業に投資するか、不動産事業に投資するか？

「ビール事業でやりたいことが山ほどあるし、成功できる自信もある」なら、当然不動産を売却した上で、ビール事業につぎ込むでしょう。「いやー、ビール事業は文字通り水ものだから」と自信がないからこそ、不動産業に進出したのです。

◉「もしもの場合に備えた資産」は誰のためのものか？

とはいえ、経営者にとっては「安定的収入」は大きな魅力でしょう。「安定的収入があるからこそ、皆さんに安心してビールを提供し続けられる」といったことに惑わされずに、本業に集中するにはどうすればいいのでしょうか？

やはりここでも「顧客への価値提供」の実現を考えないといけません。顧客は何を望んでいるのか？　顧客はビール会社に高品質で安価なビールの提供を望んでいるのであって、

経営的に楽をするための方策を望んでいるのではありません。

もうひとつ、自分は「何のプロか？」を自問すべきでしょう。サッポロの場合、ビール事業経営のプロであって、不動産開発のプロではありません。大きな資産を自身で経営するよりは、不動産のプロに任せる、つまり不動産業への参入を断ち、その代わりとして大きな対価を得て、本業に投資することが、プロとしての仕事です。逆に言えば、大きな資金が目の前にあるのに、それを本業で使う方法を思いつかないのだとしたら、経営者として失格だということです。

断捨離経営は、本業に不要なものを削ぎ落として、シンプルな形で本業のみに集中するほうが、結果としては強いということを教えてくれます。**「もしもの場合に備えた資産」などを消費者は望んではいない**のです。

従業員、顧客を守るため
▼なぜ「捨てる」ことができないのか？

断捨離ができない要因はいくつもありますが、もっとも多いのが「従業員を守るため」「顧客を守るため」という理由でしょう。一見、もっともな理由に聞こえますが、本当に正しいのでしょうか？　ある大手半導体会社を例に考えてみましょう。

この会社は、一時は日本でも売上高トップを誇った大手メーカーでした。日本一と聞くと、それだけで立派に感じられます。誕生した時も世界一を目指すのでは？　と期待されていたほどです。

しかし、実際には日本一とは程遠い状態でした。大手半導体会社同士の合併で誕生したため、合計した製品数が必要以上に多く、さらに非効率な中小の工場も多かったのです。また、合併前の数年間に大きな投資をできなかったこともあり、設備的にも最新鋭とは言えないものばかりでした。

利益率、成長率などの経営指標を見ると、規模以外では業界他社に比べて見劣りするものでした。特に半導体という業界の場合、国内の競合だけではなく、規模で勝る韓国や台湾などのアジア勢、得意分野に特化した欧米勢をも意識しなければなりません。

そうなると、この会社がやるべきことは比較的明確でした。合併の効果を早期に実現するために、いくつかの大改革をやらねばなりません。
①国内に大小10以上もある工場を整理して、2～3に統合するか、もっと大胆に新工場に集約する
②合併によって膨らんだ製品ラインを統廃合し、ムダを省く
③今後の戦略的な分野を決め、そこに研究開発投資を集中させる
と、おそらく読者の方にも普通に思いつくことです。これら三つの改革は全部関連しています。つまり資源、特に人的資源の集中化につながります。

顧客向けにカスタマイズされた半導体の設計者は顧客からの要求に応じて、相当な開発時間を必要とするのですが、この三つの改革をやらないと、新しい人的資源は出てきません。工場がたくさんあることで、生産は非効率となり、技術者も全国に分散してしまいます。製品アイテムがありすぎて、どの製品にもそれを「お守り」する設計者が張りついてしまいます。これによって、重点分野に研究開発要員をつぎ込めない、となるのです。

以上のような問題点は、当事者自身もわかっていることです。特にミドルのマネジャー

クラスは危機感が強く、「思い切った改革をしなければ会社は持たない」と思っていました。皆、わかっていたのです。新しい分野へ資源をつぎ込むには、既存分野の非効率な部分は捨てなければならない。そのためには、ほとんどニーズのなくなった製品は廃止しないといけない。辛いけれど、工場も統廃合しなければならない、と。

それでも、実行されることはありませんでした。

この時点（新会社誕生時）はまだ「前向きな断捨離」ができる段階にありました。つまり、資金に余裕があり、自分の意思で何を止めて、何に集中すべきかを決断できたのですから。「前向きな断捨離」の段階であれば、従業員も前向きに配置転換を受け入れられますし、新しい仕事へのチャレンジ精神も十分にあります。

それなのに、なぜ、決断できなかったのか？　表面的な理由はいくつかあります。「既存の製品を使ってくださるお客様がいる限り、こちらから廃止はできない」「リストラなんてしたら、従業員のモチベーションが下がる」「両親会社から、解雇はするなと言われている」「言うのは簡単だが、そんなことできるはずない」など。

ですが、調べてみると、これらの理由は決定的な要因ではありませんでした。競合する好調な会社を調べてみると、メインとなる製品を次々に提案し、需要が落ち込んだものは他社（たとえば、この会社）に供給してもらえばいいと考えています。顧客側も、新しく今後の戦略的な分野では競合他社を頼りにし、競合他社が力を入れない少量の製品はこの会社を当てにしている、との声がありました。

いわゆる限界供給企業（他社が供給できない分だけ供給させてもらう企業）になり下がっていたのです。

◉「日本一の売上」自体が顧客への付加価値ではない

ここまでわかっていて、なぜ何もしてこなかったのか？　真の原因はいくつかありますが、結局、**将来会社をどうしたいというビジョンや方向性が、経営者の中に明確になかった**ことにあると思います。

これと対照的な例があります。1993年の社長就任後、武田薬品工業を大改革しようとした武田國男氏には、社内外から「強引だ」「急ぎ過ぎだ」などの批判が噴き出たそうです。ですが、当時の労働組合の委員長は「将来どうしたいかという考えが非常に明確にある。だから批判されても、強い意志で考えを貫くことができる。これまでの社長に比べて、よほどわかりやすい」と、國男氏を評したそうです（「日経ビジネス」2009年12

月15日号)。

つまり、経営者が強い意志を持って、「会社を将来こうしたい」という考えが明確でなければ、誰もついてこないし、何もできません。そうなると、あるのは外部や株主への配慮だけです。

さらに、「日本一の売上」という状況を心地よく思ってしまったことも、断捨離から遠ざかった一因です。「日本一の売上というのがこの会社の最も大切なことです」という経営者の言葉には、何の戦略性もありません。その結果、赤字の事業、将来性のない製品を断捨離することができなくなるのです。どんな製品でも、止めてしまえば売上が落ちるからです。

したがって、現場から上がる「A事業を止めよ」という声さえも、「それを止めたら、売上が落ちる。従業員はどうなる?」とそれを否定しました。

こうして、従業員すらも覚悟していた大変革に手をつけることなく、業績はどんどん悪化し、結局は再び他社との合併を余儀なくされました。事実上の救済合併です。

おそらく今後、工場閉鎖や従業員の削減などの「残念な断捨離」がどんどん進むでしょう。それは数年前なら実行できたはずの「前向きな断捨離」ではなく、容赦ない切り捨てが待っていることでしょう。企業には、絶え間ない断捨離が必要です。自分の意思でやるか他人の押しつけによるかは別として。

断捨離を行なうには、当然ですが多大な労力と、場合によっては相当の痛みを伴います。それを実現させる原動力は、将来へのビジョンや戦略です。「どんな企業にしたいのか」「どのように成長させるのか」、それがなければ、断捨離はできずに、ダメになるまで座して死を待つしかありません。

顧客に価値を提供できているのか？

▼捨てる基準、選ぶ基準

何を捨て、何を断つか、そして何を選ぶかを考える際、何を基準にすればいいでしょうか？

利益が出ていない？　売上やシェアが小さい？　もちろん、そういうことは事業価値を測る上では大切な要因です。

が、最も大切なのは**「その事業は顧客（ユーザー）に価値を提供できているのか？　今後も価値を提供し続けられるのか？」**という視点です。

単に製品やサービスを提供できる能力があるかどうかではありません。価値、もっと言えば付加価値です。今の時代、相当な最先端商品でもなければ、誰でも作ることはできます。自動車だって、テレビだって、パソコンだって、作るだけならＯＥＭも含めれば、それほど難しいことではありません。

大企業が参入している市場は多くの場合、大手2～3社によって大きなシェアを占められています。その他の企業は、顧客に特別な価値を提供できなければ存続できません。

参入当初は十分な勝機があったが、結果として惨敗してしまったという事業もあるでしょうが、「そんなの参入前からわかっていたことではないか？」という例は少なくありません。すでに触れたように、大企業の失敗例は、「それならうちにだってできる」という供給者の発想である場合が多いのです。

その発想がいけないのではありません。どんなきっかけで素晴らしい事業が生み出されるかはわからないのですから。そうではなく、常に**その事業は顧客にどんな新しい価値を提供できるのか？　を問う視点が必要**だということです。

経済成長の時代には、大手電機会社はほとんど同じ商品を、似たようなスペック、機能、価格で売っていました。ここ10年の中国市場と同様、経済成長時期には需要が供給量を上回っているため、特別な価値がなくても商品が売れてしまうのです。そのため、「それならうちにも作れる」というだけで参入する企業が増えます。が、最終的にはそういう企業は断捨離をせざるを得なくなります。

◉「誰がなぜ欲しがるのか」を考える

富士通やNECといえば、どんなイメージの企業でしょうか？　日本を代表するコンピュータメーカー、半導体大手、ハイテク機器メーカーなどでしょうか？

顧客の期待も当然そこにあるでしょう。

一体誰が、富士通の冷蔵庫やNECのエアコンを欲しがるでしょうか？　この両社は長年、家電分野を抱えていることでかなりの苦労を強いられてきました。事業開始の経緯はそれぞれ違うものの、結局顧客に価値を与える製品を生み出すことができず、安売りブランドとなってしまうしかありませんでした。

富士通やNECが本気で家電製品に大規模投資をするわけでもなく、また同じ低価格品でも船井電機のように「海外生産の仕組み」で、低コスト品を消費者に提供するという「価値」を持っていたわけでもありません。要は、単に「伸びている家電製品をわが社でも作れる」といって参入したに過ぎません。その結果、NECは家電事業（家電子会社）を清算し、富士通も大幅縮小を余儀なくされています。

2社が断捨離せざるを得なくなった最大の要因は、従業員が怠慢だったわけでも、バブル崩壊後の経営改革がうまくいかなかったわけでもないでしょう。顧客への特別な価値を持たないまま、「わが社でも作れる」というだけで事業を開始したこと（あるいは、その事業を買収したこと）に他なりません。

「わが社でも作れる」からといって、競争上の優位性がないまま開始した事業は、多くの大企業に見られます。

パソコン市場の場合は、上述の富士通、NECは反対の立場になります。重電、家電系の日立製作所、三菱電機、シャープなどは、参入はしてみたものの、優位性を見いだせないまま撤退あるいは自社生産撤退などに追い込まれています。松下電器産業（現パナソニック）のように、「成長市場だから」と参入したものの優位性なく撤退し、その後、自社の優位性は何かを真剣に考えた上で再参入した企業もあります。

「市場参入できる」「同じ製品を作れる」ことと「市場で優位性を持つ」「収益貢献できる」ことは違います。これを理解しないと、断捨離対象部門は増えていくばかりです。

「顧客にどういう優位性のある価値を提供できるのか?」と「今後も投資をし続けることで、顧客に価値を提供し続けられるのか?」を基準にすることが求められると言えるでしょう。

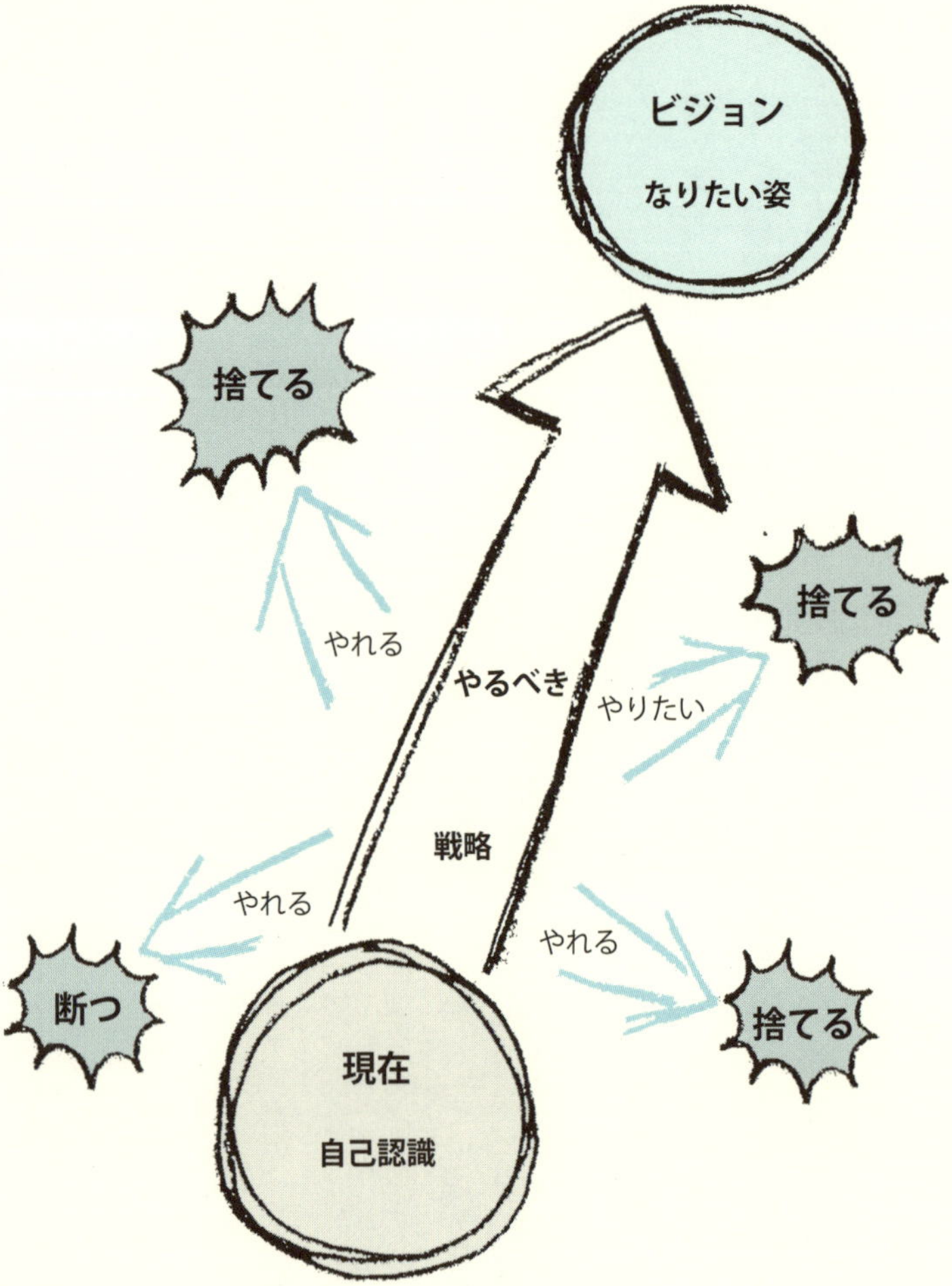
ビジョン
なりたい姿
捨てる
捨てる
やれる
やるべき
やりたい
戦略
やれる
やれる
断つ
捨てる
現在
自己認識

機会損失を考える

▼捨てる基準、選ぶ基準

ビジネスにおける断捨離の基本的な判断基準は、その事業の現在価値を測ることにあります。ここで言う現在価値とは、事業から創出される将来の利益（ここで言う利益とは、文字通り儲け、生み出された現金ということ）を現在価値に直したものです。

たとえば、今の１００円と5年後の１００円は重みが違います。極端に言えば、今の１００円と30年後の１００円は、今の私たちにとってまったく違うものになります。誰だって、「今の１００円と30年後の１００円はどっちがいい？」と聞かれれば、今の１００円のほうがいいに決まっています。

ですが、今の95円と1年後の１００円は？　と聞かれたら、はたと考えるでしょう。今の低金利では、1年後の１００円のほうがいいと答える人もいることでしょう。この場合、1年後の１００円は、現在の95円と同じ価値がある、と考えてもいいかもしれません。

現在価値に直すというのは、将来の金額を金利に相当する割引率で逆算し、現在の価値に直すということです。

◉「赤字ではないが成長が見込めない事業」をどう考えるか

ここで、現在価値がマイナスの事業と、多少なりともプラスの事業をどう捉えるべきかについて考えてみましょう。

現在価値がマイナスとは、現在のところ赤字であり、将来の黒字化が難しく思われるケースです。それだけでなく、将来の黒字化を期待しているが、それがかなり先、あるいは不確実な要素が多い事業もマイナスと考えて差し支えないでしょう。こういう場合は、断捨離の対象として優先的に考えることは難しくはありません。

問題は、今は赤字というわけではないけど、今後は利益が減少すると考えられるケース、あるいは成長が見込めないというケースです。利益を増やすためのさまざまな方法が考えられるが、それを勘案しても利益を増やすのが難しい場合があります。とはいえ、**現在価値としてはまだ多少はプラスである、**という事業をどう考えたらいいのでしょうか？

武田薬品は、こうした「現在は多少なりともプラスだけど、将来的には問題が多い」という事業を断捨離候補として取り上げました。そこで考えなくてはならないのが、**「機会損失」の考え方**です。

◉限られた経営資源をどこに投入するか?

たとえば、武田薬品にとっての調味料などの食品事業。競合相手は、味の素などの食品専業大手です。武田薬品の調味料部門はそれなりに伝統があり、業務用などにおいては一定の知名度も維持していましたが、強い競争相手と伍しながらの大きな成長は見込めません。それでも、継続したところで短期間に大きな赤字にはならないと見られていました。

「だったら、そのまま維持すればいいじゃないか」というのが、多くの人の発想でしょう。実際、武田薬品はこういった多角化した事業をいくつも持っていました。

ですが、これらの事業を維持し、発展させるためには今後も経営資源を投入する必要があります。人的資源に加え、投資も必要でしょう。武田薬品にとって有限資源である、人材や資金をどこに振り向けるのが良いかを考えねばなりません。

経営資源を、食品などの非コア事業にも継続的に振り向けるのが正しいのか、そんなお金や人材があるなら、少しでも多く本業の医薬品事業に投入したほうがいいのか、これが判断の基準となります。

言い換えると、機会損失という概念にもなります。同じ資源を、武田薬品という会社を通じてどこに投じれば、より良い結果が得られるのか?　同じ資源を武田薬品の食品事業部門に投じることで、医療事業部門に投じた場合に得られるであろうリターンを逃していないか？

貴重な経営資源を食品事業に投入するということは、武田薬品にとっての機会損失になると考えれば、当然医療事業に集中すべきです。

他方、武田薬品の食品事業をキリンという食品会社が経営すれば、資源も投入され今まで築いてきた事業がより生かされることになります。

従業員も、経営者から見放された非コア事業の立場でいるより、食品会社の下で戦略的事業部門として再出発するほうが、はるかにモチベーションも上がるでしょう。

「前向きな断捨離」を実現するには、事業の現在価値を正確に把握し、他事業部門との投資に対するリターンを比較せねばなりません。それが本業に対して「機会損失」をもたらしているような場合は、より良い事業者に経営を委ねるのも重要な判断です。事業価値がまだプラスであるだけに、従業員の処遇維持を求められますし、場合によってはキャピタルゲインも得ることができます。コニカミノルタからソニーへのカメラ部門の譲渡もそうですが、早めの決断がそれまで培ってきた事業、ブランド、従業員を守ることになるのです。

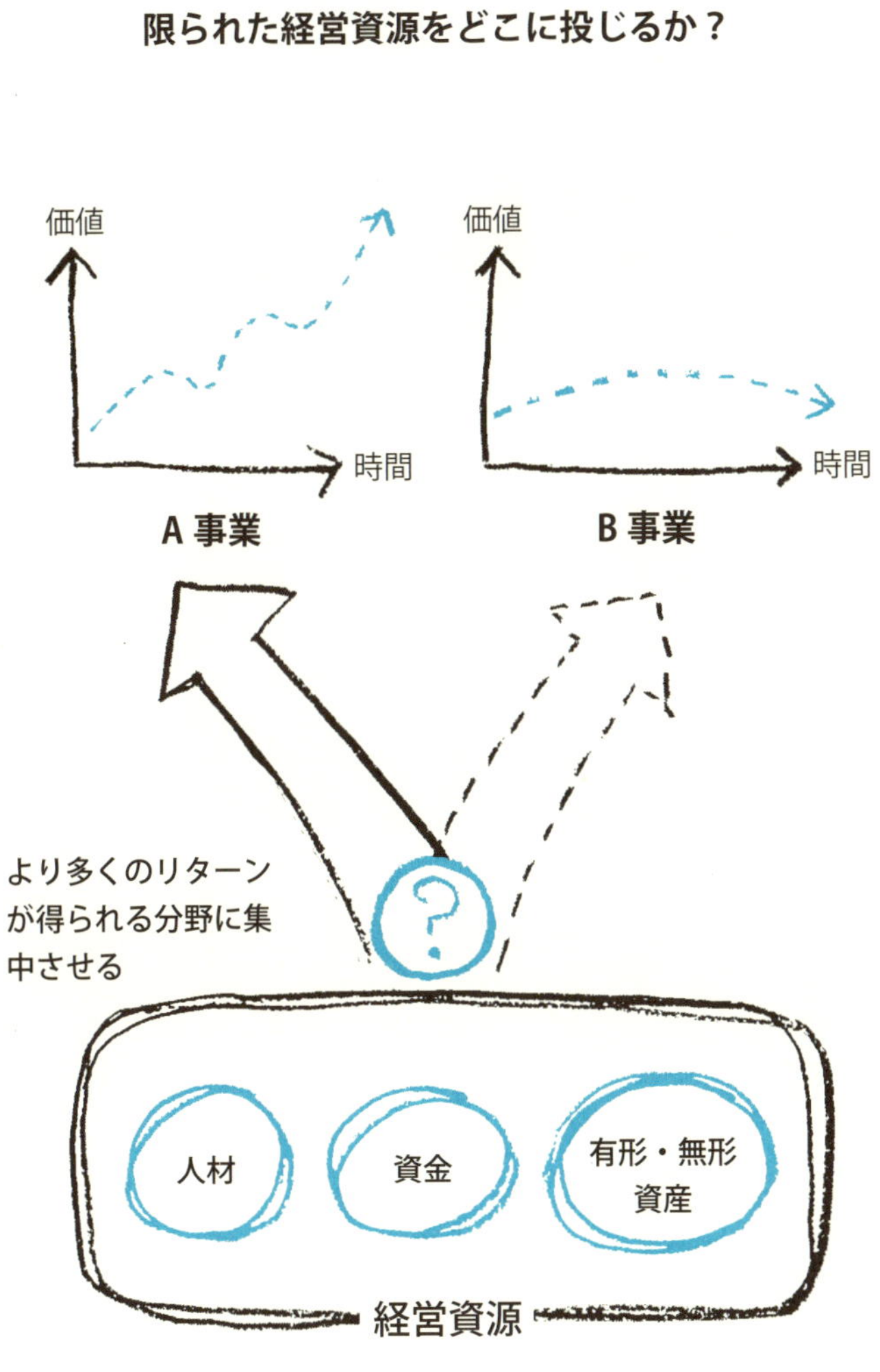
限られた経営資源をどこに投じるか？
価値
時間
A 事業
価値
時間
B 事業
より多くのリターンが得られる分野に集中させる
?
人材
資金
有形・無形資産
経営資源

残す理由を論理的に説明できるか

▼捨てる基準、選ぶ基準

企業の断捨離は、得てして第三者や外部の人間のほうがうまく進められるものです。

しかし、当事者からは「外部の人間に何がわかるんだ？」という声がしばしば聞かれます。確かに、過去の詳細な経緯をよくわかってない場合もあるでしょうが、過去を知り過ぎているからこそ、身動きが取れなくなる場合も少なくありません。

そして多くの場合、過去の経緯と言っても、**将来への生き残りよりも重要なことは少ない**のです。経緯が重要だと考える人の多くは「そこに関わった人々の努力」、もっと言えば、その経営者の大切にしてきた思いである場合が多いのです。それに縛られるがために、適切な時期に「前向きな断捨離」を実行することができず、結果として、第三者や外部の人間に依頼せざるを得ない状況になってしまうのです。

では、自分たちの主観的な想いでないかどうかを判断する基準は、どこにあるのか？

それは、**論理的に説明できるかどうか**です。

これは、ビジネスにおける断捨離と家庭の断捨離の最大の違いとも言えるでしょう。私たちが自宅を片づける際、捨てるものと残すものとの葛藤はあっても、自分で決めてしまえばそれで済みます。しかし、ビジネスの場合はそうはいきません。企業経営者は株主などのステークホルダーに論理的に説明する責任があるのです。

過去からの延長線上に立ってしまうと、論理的に説明できずに、逆に「なぜ、わかってくれないんだ⁉」という思いが強くなります。つまり、自分たちのやって来たことの正当性を言いたいがために、その思いを説明するものの、数字や論理性を伴わないので伝わらず、「結局、外部の人間には我々のビジネスは理解してもらえない」という言い方にすり替えてしまうのです。

「なぜ、わかってくれないんだ」というのは、反対に言えば、経営の知識は十分あるが、まったくその業界や会社についての知識のない人に、論理立てて説明する力がないという証左でもあります。

外国人の場合は、日本人以上に前提条件を共有していません。その説明が十分にできないのであれば、経済合理性だけでばっさり切られても仕方がないということにもなります。ゴーン氏の強みはそこにあったのでしょう。１０００以上もの企業との株の持ち合いについて、誰も彼を納得させられなかったのでしょうし、その説明も経済合理性からすると、意味がないとの結論に至ったのでしょう。「株の持ち合いは日本の企業社会の伝統とも言える行動でして、これがなくなっては系列が崩壊してしまいます……」などと説明しても、納得はさせられません。

◉外国人でも納得できる説明か?

「外国人への論理的説明」とはどういうことでしょうか? 私にも苦い経験があります。駆け出しのコンサルタントの頃、ドイツ人のボスと同じプロジェクトで仕事をしたことがあります。その時私は、日本の食用油の市場調査をしていました。私はわずか1年前まで、前職でサラダ油を販売していた営業マンでしたので、食用油業界についてはチームの誰よりも知っていました。私は得意になって説明しました。

食用油業界は大まかに小売市場と業務用市場に分かれ、小売市場はさらに、一般的なスーパーでの販売を中心とする日常の小売市場と、盆暮れの百貨店での販売を中心とするギフト市場に分かれます。重量当たりの小売定価は、日常品とギフト品は大して変わらないのですが、日常品は常にスーパーの特売の目玉になり、実質的な平均販売価格は3割も4割も定価を下回って売られます。他方、百貨店販売はギフトということもあり、ほとんど定価か数パーセントの値引きに留まり、平均単価は高値を維持されている――と、こんな説明をしました。

当然彼は「なぜ、そんなに価格が違うのか？」と聞きます。これに対して、日本のお中元、お歳暮の習慣の話から始まって、盆暮れでの広告投下量が特に大きくなるというデータも分析しました。「広告では何と言っている？」と聞かれたので、有名メーカーの広告を全部取り寄せ、英語に直します。なんともばかばかしい、外人のボスは面倒だなぁと思ってやりました。「お世話になったあの方へ、健康を贈ります」とか「健康にコーン油を」などのありきたりなキャッチコピーです。

すると彼は「それだ！　わかった！」と自身の仮説を述べはじめました。

「この時期になるとテレビや新聞で膨大な広告が投入される。そのほとんどが健康にいいと言っている。それを見た消費者は、そんなに健康にいいのなら自分のために買おうと考えたのではないか？　だから、この時期には大量の食用油が売れるのだろう。もしかして、ギフトと言われる市場の半分くらいは、自分用に買っているのではないか？」と言うのです。私は呆れてものも言えませんでした。私は3年間、ギフトシーズンには百貨店の売り場にも立っていました。が、自家用なんてあり得ません。こんなことは、日本人なら当然すぎる話です。私がその旨を指摘すると「そうか、お前も気づいていなかった事実を発見したというわけだな」とますます自説に固執します。

それでも私が抵抗すると「Prove it!（証明しろ）」と言われました。ギフト用食用油は本当にギフト用にしか買われていないことを証明しろ、というのです。

何の前提条件も共有できない外国人とは、事業とは関係ない一般株主に置き換えられるでしょう。「当たり前でしょ?」「常識でしょ?」は通用しません。すべて、論理と証拠で示さなくてはならないのです。

結局私は、百貨店の関係者へのインタビュー、百貨店の送り状調査（ギフトの送り先）などによって、「ギフト用食用油がギフト用にしか買われていないこと」を証明しました。そして、ちゃんと論理と証拠を出すと、あっさりと「そうか、わかった」と納得しました。

なんとなくの思いで「これは当社にとってかけがえのない事業なんです」と言ったところで、論理と証拠のないものは断捨離されるのは当然なのです。

「経営の枠」を意識すれば、「前向きな断捨離」ができる

日本の伝統文化には、「余計なものをそぎ落とす中で、本当の誠が見えてくる」といったものが少なくありません。箱庭と言われる日本庭園などはその典型でしょう。限られたスペースの中で、余計な装飾を削ぎ落とし、シンプルな中に世界観を表わすことができる能力は、断捨離と通じるものがあります。

茶道の茶室もそうです。シンプルで小さな部屋ですが、そこにおもてなしの心を伝えるすべてを持っています。盆栽の見事さは、今では外国人にも十分理解されているようです。スペースだけではありません。究極の詩とも言える俳句もそうです。たった17文字で、後世に伝わるような自然や心の表現を見事に描いています。現代にあっても、ソニーのウォークマンや高性能なデジカメ、さらには世界的にもエコカーとして稀な存在である軽自動車など、限られた条件の中で、最大の価値を生み出す素養は、日本人の特徴とも言えるのではないでしょうか。

スペースなどの制約条件が厳しいほど、日本の競争力が強まることが多いのは、決して

偶然ではないでしょう。

では、企業経営での断捨離も上手なのかというと、これまで見てきたように、必ずしもそうではないのです。なぜか？　**日本人はおそらく「与えられた枠」をうまく使いこなすのは上手なのだと思います。**限られた土地、限られた庭、限られた部屋などをうまく活用するのが上手なのは、疑いの余地はないでしょう。ですが、**自ら枠を設定するのは苦手なのかもしれません。**

実はビジネスにも本来は「与えられた枠」があるのです。「枠」とはいわば、断捨離を実行する際の「指標」とも言うべきものです。

ですが、日本企業は長い間そういう「枠」を知らずに、あるいは強く意識することなくやってきました。では、この「枠」とは一体何を意味するのでしょうか？

◉「売上」ではなく、「利益」や「効率性」が求められる

企業が発展し、成長するには資金調達が必要になってきます。一般的には、資金は自社の生み出す現金（これをキャッシュフローと言います）、銀行などの外部からの借り入れ、そして資本市場からの調達（株式などでの調達です）などがあります。高度成長期を含め

従来は、日本企業の多くは銀行からの借り入れで資金を賄ってきました。一方、高度成長期からバブル崩壊までは、銀行はグローバルな貸出基準（自己資本に対する貸出残高の規制）をほとんど気にせずやってきたので、企業側も気楽に借りることができました。要は、儲けが薄い事業でも、売上さえ伸びていれば、銀行はどんどん貸してくれたのです。この時代には、経営者は、利益は二の次でも売上さえ増やせば、さほど資金調達に困ることはありませんでした。

ですが、バブル崩壊以降は、この考え方は通用しなくなりました。銀行は、バブル崩壊後の損失処理に苦しみ、追加融資には慎重になりました。また、金融ビッグバン（2000年前後に相次いで行なわれた、一連の金融自由化改革）以降は、大手銀行は国際的な貸出基準に沿って経営するようになり、従来のような安易な融資ができなくなったのです。

この頃から、資本市場で直接資金を調達する動きが重要になってきました。日本長期信用銀行や山一証券などの破たんは、直接的か間接的かは別にして、この資本市場での評価が急落したことが、原因のひとつになりました。

では、資本市場は企業に何を求めるのか？　それは投資家としては、当然のことですが、投じた資本に対する利益です。しかも見せかけの利益ではなく、実際に現金として増えた利益（キャッシュフロー）です。また、効率性も求められます。これらはＲＯＥ（株主資本に対する利益の大きさ）やＲＯＡ（使っている総資産に対する利益の大きさ）などの指標で表わされることが多く、これらの数字を一定程度のレベルに持っていくことが、世界共通の経営の「枠」となっているのです。今までの日本企業は、この「枠」への意識が低過ぎ、数字的に言えば非常に非効率な経営を続けてきたのです。

◉「枠」を意識してこそ、断捨離経営を実践できる

この「枠」は、経営をきちんと理解している経営者は自ら設定できるのですが、過去からの延長でしか考えられない環境にいると、なかなか自分で設定できないものなのです。

たとえば、

- 資金は銀行がいくらでも出してくれるから、儲けが薄くても事業を続けてもかまわない
- 日本の株式はずっと上昇してきたから、下手な経営でも株式はちゃんと買ってもらえた

こうした意識が高度成長期からバブル崩壊まで続いていていました。ですが２０００年以降のここ10年くらいで、実は以前から経営上の「枠」となるルールの下で欧米企業は戦ってきたんだということを、今になって理解できたというところなのです。

これがいわゆる「経営のグローバル化」に当たるもので、**断捨離を決断させる大きな要因のひとつ**とも言えます。

銀行も同じです。昔の銀行は貸し渋りもなく、良かったと思っている人も多いでしょう。最近は、随分厳しくなったようにも見えますが、上述のように欧米の銀行にとっては当たり前の「枠」（銀行における「枠」は、その銀行の健全性を表わすものです）を、日本の銀行だけが気にせずにやっていただけのことなのです。その後、日本の都市銀行と言われた大手銀行は国際的な基準に合わせなくてはならなくなったので、13もあった銀行は今やたったの数行のメガバンクになってしまった。その過程で、その「枠」に合わせるために、貸し出し基準の厳格化などが起こり、貸し渋りの一因にもなったというわけです。

企業の場合で言えば、ROEやROA、キャッシュフローに対するチェックが厳しくなってきたので、昨今は、業績低迷とは言えない企業までもリストラやらスリム化を始めたのです。武田薬品のように、グローバル企業に脱皮しようという企業では、その傾向がますます強まっています。

たとえば、たくさんの資産を使っているにもかかわらず、ほんの少ししか利益が計上できない企業の評価は低くなってしまいます。昔であれば、多少効率が悪くても「ま、利益が出ているんだから問題ないでしょ？」という感覚でした。

欧米のグローバル企業は、それでは立ち行かなくなることが最初からわかっているので、常に意識して断捨離を継続してきたのです。

効率の悪い事業は、自分たちより上手に、効率的に経営できそうな企業にやってもらう、というのは、この「枠」があるからこそ出てくる発想です。これがないと「せっかく皆頑張っているんじゃないか。確かに、効率は悪いかもしれないが、なんとかトントンを維持しているんだ。雇用も考えれば、上出来だよ」という発想になります。

他の例でいえば、環境問題にも似ている部分があります。

排水、排ガスなどの環境対策は、政府などが設定した基準に向けて努力し、革新的な技術を生みだします。工場やオフィスビル、自動車など日本企業は大変な努力をして、今や世界の環境技術のリーダー的存在です。でも、規制がない時代には、排水を垂れ流して、公害を撒き散らしていました。当時の欧米諸国は日本をどう見ていたのでしょうか?

たとえば、環境規制の緩い途上国で、ある製品が環境対策を無視した工場で次々に安く作られたとします。日本が同じ製品を作るためには、環境対応しなければならない分、コストもそれなりにかかります。となると、日本企業から見ると「あんないい加減な環境対策をしている途上国企業と競争するのは、不公平だ」と思うわけです。これは昔の日本が欧米諸国から見られていたことと同じです。

経営にも似たようなことがあります。国際企業として守らなければならないルールを全然気にせず、好き勝手に多角化してきた日本は、環境無視の途上国企業と、ある意味似た存在だったのです。

しかしながら、日本企業も今では国際的な経営のルール、つまり経営の「枠」を導入し始めていますから、国際的大企業においては各種経営指標が向上しつつあります。その過程で、場合によっては痛みを伴う断捨離もあることでしょう。ですが、これを超えれば、今後は後手に回る「残念な断捨離」ではなく、常に事業価値の向上につながる「前向きな断捨離」が増えてくるでしょう。

ここまでご紹介したものの他に、『断捨離のすすめ』の著者、川畑のぶこさんがおっしゃっていた、「断捨離すべきかどうかの判断基準」を参考に、仕事におけるチェック項目を考えてみました。事業や製品を残すべきかどうか迷う時には、このチェックシートを使って、関係者が揃っている議論の場で確認してみてください。これらをクリアできないケースは、真剣に断捨離を考えなければならないでしょう。

❶	参入したいと思う事業、残したいと思う事業の事業計画は、事実に基づいていますか？　誰もが信頼できるデータや見込みに基づいていますか？（希望的観測や思い込みではなく、客観的なデータや分析に基づいていますか？）

数字は一見客観的ですが、そもそもの前提条件や甘い期待での将来見込みが入っていると、それは客観的とは言えません（官僚が作る地方空港の需要見込みは、主観的な期待値の塊で、ことごとく見込みを下回りました。民間で同じことをしていては、企業は潰れてしまいます）。

❷	参入したいと思う事業、残したいと思う事業は、経営の健全性（ROA、ROE）を向上させ、キャッシュフローを創出するのに役立ちますか？

企業価値を低下させる事業を中長期的に継続するのは、誰にとっても不幸です。一時的にはともかく、中長期では必ず価値向上に貢献できる事業でなければ、続ける意味はありません。

❸	参入したいと思う事業、残したいと思う事業は、会社の短期的・長期的目標を達成するのに役立ちますか？

目標設定とのすり合わせは、長期だけでなく、短期でも見なければなりません。一般的に、悪い事業は「長期的に考えて欲しい」という要望が多いものですが、たいていは単なる先延ばしに過ぎません。

❹	参入したいと思う事業、残したいと思う事業は、自社の戦略課題を解決するのに役立ちますか？

現状の業績が厳しい事業が貢献できることは、「自社が直面している戦略的な課題を解決できる事業である」という場合に限られるでしょう。自社の戦略に合わず、業績が厳しい場合は、断捨離の対象になります（例：先に挙げた、ＮＥＣや富士通の家電事業）。

❺	参入したいと思う事業、残したいと思う事業は、従業員を前向きにさせ、幸せな気分にさせ、希望を持たせてくれますか？

これは重要です。今は多少苦しくても、その事業以外の従業員も一体となって応援したくなる「夢や希望を持てる」事業であることが大切です。そうでないと、単なる「重荷」の事業になってしまいます。

Part 3

自分たちの強みと立ち位置を考える

「捨てる」「断つ」ことを意識し、「不要なもの」「持つべきでないもの」を考えることで、「残すもの」「取り入れるもの」が明確になります。自ずと、自分たちは「今どこに位置しているのか」「本当の強みは何なのか」を考えることにつながります。

自社の強みはわからない

何を捨て、何を選ぶかを考える際には、「自分たちの強みを生かせるかどうか」が判断基準となりますが、自社の強みを正しく捉えるのは、実に難しいことです。

ある日用品メーカーで、こんなことがありました。この日用品メーカーは、ある分野で非常に強い競争力を持っており、外資大手との壮絶な戦いをも制したトップ企業です。カリスマ経営者として知られる創業社長は、それまでの事業とは技術的にも販売ルート的にもまったく関係ない新規分野への進出を決めました。そのために、幹部にはその道の専門家をスカウトし、既存部門からも優秀な人材を異動させ、資源を投入してきました。

それでも、なかなか思うような結果が出ません。むしろ、累積赤字が増えるばかりです。何年たっても黒字化できないどころか、赤字が増えるばかりの事業を担当し、本業では「攻めて勝つ」経験を重ねてきたマネジャーたちのモチベーションも、さすがに低下しつつありました。

社長は、熟慮の結果、撤退を覚悟し始めました。このままでは好調な本業にも影響を与えるからです。とは言え、この事業は自分が始めた事業であるし、外部からのスカウト組も含め、たくさんのスタッフが関わっています。

そこで彼は、経営コンサルタントを使うことを思いつきました。

外部の目で客観的な事業評価をしてもらい、それでもダメというなら諦めよう。外部の評価なら、ある程度スタッフたちも納得するのではないか、そう思ったのかもしれません。それまで自分の信念で経営をしてきた彼は、経営コンサルタントなど雇ったこともなければ、信じたこともなかったでしょう。

そして、コンサルティングを受けることになりました。コンサルティング会社のスタッフは、もちろんそんな事情は聞かされていません。とにかく、この事業をどう蘇らせるのか？　どう成長させるのか？　を考えることだけに集中しました。

一方、依頼者側は「撤退すべし」と言われる覚悟はできていたようです。外資系コンサルタントというものは、軽く調べて「これ以上の事業の継続は無理です」と言うのだろうと。

しかし、驚いたことに、最終的にコンサルタントが出した結論は、「確かに市場環境も自社の状況も厳しい。しかしながら、四つの製品群のうち、思い切って2製品群は撤退してしまい、残る2製品群に集中せよ。そうすれば3年で黒字化できる！」との戦略プランでした。撤退勧告を覚悟していた社長と、取り潰されるかもしれないと思っていた事業幹部らは、必死の思いでその戦略を信じて、真剣に取り組んだ結果、なんと1年前倒しの2年で黒字化し、クビを覚悟していた幹部は役員に昇格しました。その後その事業は成長を続け、見事に企業価値の向上に大きく貢献できたのです。

なぜこんなことができたのか？　それは4製品群の中で、業績自体は悪くとも、顧客への価値を持つ製品群が二つあることがわかったからです。

実は、この2製品群は社内的には低評価の製品群でした。特に残した2製品のうちのひとつは、その会社の経営陣らにとっては「もっとも魅力のない製品群」あるいは、「もっとも将来性のない製品群」だと考えられていたものでした。ですが、その会社の幹部の声や損益計算書を参考にするのではなく、徹底的に市場の声、消費者の声に耳を傾け、その企業の持つ、自社も認識できていない「顧客への価値」を見出したのです。

一般的に社内の見方というのは、社内の開発、生産、マーケティング、営業などを通じて、社内の視点で評価してしまいがちです。一方、コンサルタントは徹底して「顧客への価値」があるかどうかで評価します。
「顧客への提供価値は何か」という観点から、ユーザーの声、問屋の声など現場の声を拾って、顧客の進化の方向、市場価格動向、コスト競争力、ブランド認知度、競合分析などを一つひとつ積み上げて分析しました。さらには、市場の成長性、新規参入者の可能性、流通のニーズの変化、収益構造、為替動向も含め、徹底的に調べたのです。

この視点の違いで、でき上がった戦略はまったく違うものになりました。
カリスマ経営者であっても、残すべき事業、断捨離すべき事業の判断に迷うのです。それほど、自社の強みを客観的に正しく認識することは難しいことだと言えるでしょう。

断捨離の第一歩は「捨てる」ことです。ですが、なんでも捨てればいいというものではありません。情緒的な気分で残すのは論外で、捨てるか捨てないかの決断は真剣勝負です。それには主観的な判断に加えて、客観的な視点が非常に重要になってくるのです。

誤った自己認識が、ムダな事業を創る

大企業が新規事業に失敗する理由には、「成長市場だから参入した」以外にも「わが社の強みを生かせる」という自社の強みの幻想、「余剰人員を生かせば良い」という市場を無視した社内論理、などがあります。

「わが社の強みを生かせる」という幻想で新しい事業を始めてしまう会社は、今でも多くあります。それ自体が悪いということはありません。問題は、**「自社の強み」を自分たちがわかっているかどうか**、です。多くの企業は、自社の強みを「恰好いい言葉で表したい」と考えるために、真の強みの源泉を誤解している場合が多いのです。

以前、アメリカのビジネススクールの学生対象のリクルーティングツアーに行ったことがあります。日本企業勤務を経験し、現在ＭＢＡを取得中の学生を対象に説明会を開いて、面接までしてしまうというツアーです。その時にこんなことがありました。

電通出身の学生に「電通はなぜあんなに競争が厳しい広告業界で長年高いシェアを持ち

続けているのですか？」と聞くと、彼は「それは、人材です。クリエイティビティに優れ、素晴らしい提案ができるからです」と答えました。

この答えは、耳には心地良いでしょうが、これからビジネスのプロを目指そうというのであれば、子供のような答えです。

偶然、同じ日に博報堂出身の学生とも会いました。私は「広告業界は、クリエイティビティが重要だそうですが、なぜ博報堂は何年たっても電通には敵わないのですか？」と聞きました。すると「それは戦後のテレビ局設立や電波の割り当ての時に、電通が大きな利権を得たので、その後巨大な市場となったテレビ広告市場では圧倒的に電通が強いからです」という答えが返ってきました。

細かい経緯を省けば、博報堂の彼が言っていることのほうが、電通の彼よりも正しいと言えるでしょう。では、なぜ電通の彼はそうは言わなかったのか？　それは「昔の利権のお陰です」という理由が恰好悪く、「クリエイティビティ」と言ったほうが恰好いいからでしょう。

どことなく小さな話に聞こえたかもしれませんが、実はこうした例は意外にも多いのです。私は仕事上、さまざまな企業の方とお目にかかる機会がありましたが、ほとんどの方は強みを言う時に「恰好いい言い方」を選び、そして多くの場合は、間違った見方をしています。

レナウンというアパレル業界のかつての雄は、自社の強みを「女性の心、気持ちを一番理解できる会社」と定義づけました。確かにアパレル業界のメインのお客さんは女性なのでしょうが、そのこととレナウンが成功した要因とは関係ありません。実際には1960年代末にアーノルドパーマーというブランドを導入し、それが従来では考えられないようなお化けブランドに育ち、大儲けしたことが業界トップの座につかせた大きな要因と言っても過言ではありません。

それによって、常に大型ブランドの発掘に一生懸命になり、業績が悪化していく中でも「一発当てれば、この程度の悪化は簡単に取り戻せる」という社風を作りあげてしまいました。

最近出版された『ビジョナリー・カンパニー3　衰退の五段階』（日経BP社）の著者ジェームズ・C・コリンズ氏が、企業の衰退には以下のような一定の法則があると説いています。

①成功から生まれる傲慢
②規律なき拡大路線

③リスクと問題の否認
④一発逆転策の追求
⑤屈服と凡庸な企業への転落か消滅

まさにレナウンの例は、第一段階から始まって、この頃すでに第四段階まできていたのです。そして、レナウンは自らを「女性を一番わかっている会社」と定義したことで、食品に進出しました。これが、自ら新しいものを開発して、既存の食品会社にはできないような価値を顧客に提供するならともかく、一般的なレトルトパウチのスープを発売しました。それを契機に、いくつかの加工食品を発売しましたが、ほとんど売れませんでした。そして待っていたのは「残念な断捨離」です。

先述の日用品メーカーのように、自社の強みを「十分に認識しきれていない」企業があるのと同時に、「自社に都合よく」誤解している会社もあります。どんな企業のどんな事業も、「顧客への価値提供」という観点での客観的な視点を欠いてはいけません。価値提供できる能力があるのなら、捨てずに伸ばしたほうがいいに決まっています。

「捨てる」とは、常に自らの居場所を見直すこと

企業にとっての居場所とは、いろんな意味が考えられます。一番わかりやすいのは、業界や商品などの、主たる事業を行なう物理的な場所ですが、ここで申し上げる居場所とはそうではなく「自らの位置づけ」です。他人やお客様からではなく、自分で、自社で定義づけした立ち位置と言ってもいいかもしれません。

伝統ある企業の多くは、軸となる「自らの位置づけ」を持っている場合が多いのですが、問題となるのが、**「誰にとっての定義か」**です。自社にとってか、顧客にとってか。

ベンチャー企業を例に見ると、よくわかります。ベンチャー企業の多くは、なんとしても事業で成功を収めたいと必死です。そのためには最初から自らの立ち位置を「ベンチャー企業の雄」とか「ネット業界のトップ企業」などと定義する企業はありません。たとえば、東証一部に上場したディー・エヌ・エー（DeNA）は、当初はパソコンでのオークションサイト運営から始まりました。その後、社長の南場智子氏も語っている通り、さまざ

まなサービス、業態にチャレンジして、今ではモバゲータウンという携帯電話向けのポータルサイト兼ソーシャルネットワーキングサービス（ＳＮＳ）が大きな柱となっています。最初から「日本最大のモバイルメディア」と定義づけしてきたわけではありません。それは結果であって、創業時から「新しい情報通信技術を使って、顧客に有意義なサービスをなんとか提供しよう」という試行錯誤の末の成功モデルと言えます。

つまり、顧客へより良いサービスを提供するという姿勢は変わらないものの、自らの立ち位置や事業は固定せず、常に新しい事業にチャレンジしてきた結果と言えます。

現在の姿はあくまでも結果であって、顧客に付加価値を届けられる限りは、自らの事業や立ち位置は移動する、つまり断捨離しても構わないという姿勢が見られます。

◉ＪＡＬ、三越は何を間違えたのか？

ディー・エヌ・エーなどのベンチャー企業とは反対に、断捨離できない多くの大企業は、立ち位置を自ら固定化してしまっている例があります。

たとえば、日本航空。日本航空の自らの位置づけは、「日本のフラッグシップ」です。

ここから発想が始まるとどうなるか？

フラッグシップなんだから、従業員の給料も高くないといけない。

フラッグシップなんだから、世界中どこでも国を代表して飛行機を飛ばさなくてはいけない。

フラッグシップなんだから、ホテルも経営しなければならない。

フラッグシップなんだから、国が守らなければならない。

フラッグシップなんだから……潰れるはずがない。

となります。そして、この立ち位置を守ることが至上命題になるとどうなるか？

給料は他社より高くても減らしたくない。効率が悪い路線が多くても、減らしたくない。子会社がたくさんあっても、幹部社員の定年後の出向先を考えると減らしたくない、となってしまいます。

ここで注目してほしいのは、**ユーザーのため、顧客のためという視点ではなく、すべて会社からの視点である**ということです。

他の会社の例も見てみましょう。

三越も、自らの立ち位置を自ら決めている企業と言えるでしょう。三越は、日本一の百貨店です。伝統、売上などが日本一である、と。実際には、百貨店業界内でのグループ化により、必ずしも売上が日本一というわけではないですが、それでも日本一の老舗という見方は変わりません。女性向けのファッションに関するマーチャンダイジング（商品選びや販売方法）で有名な伊勢丹や、売り場の改革を断行して高収益企業となった大丸などとは、そもそもの自己認識が違います。

では、日本一の百貨店という立ち位置から発想するとどうなるか？

日本一なんだから、業者が言うことを聞くのは当たり前。

日本一なんだから、従業員のプライドも日本一。

日本一なんだから、主要都市に店舗を持っていなければならない。

日本一なんだから……潰れるはずがない。

その結果、どうなったかといえば、百貨店業界でも最下位レベルの低収益企業になってしまい、伊勢丹による救済合併に近い形で合併しました。

一時は20店舗以上（子会社含む）もあった三越ですが、安定的に利益を上げていたのは、日本橋店などたったの3店しかなかったとも言われています。つまりそれ以外の20店舗近くはほとんど赤字だったわけです。しかも、日本橋店の黒字で、ほぼその他の店舗の赤字を補填できたというのですから、日本橋店の収益力は目を見張るものがありました。

それなのに、なぜ、こんなことになったのか？　それは三越の自己認識の誤りによるものです。確かに、日本橋三越は大変高収益な百貨店です。それを三越自身は「自分たちのマーチャンダイジングが上手だから」と勘違いしたのです。

実際にはどうだったのでしょう？　江戸時代から続くブランドは大都会東京においては圧倒的です。日本橋という地の利もあります。この日本最大都市は、地価の高騰などもあり、ある意味、参入障壁が非常に高いのです。その結果、日本橋三越は日本で最も収益力のある百貨店となりました。つまり、それは「現在の経営者の努力」ではないのです。ある意味、すべて遺産です。売り場作りは、老舗の出入り業者に任せてきたこともあり、自らマーチャンダイジングをする能力は高くはなかったと言えます。ですから、「日本一の百貨店」という看板は実は「東京一の百貨店」という意味だったのです。

にもかかわらず、東京のやり方で、北は札幌から南は沖縄まで出店したのです。そして、ほとんどの場所で、三越のブランド力は東京での強さとは比べ物にならないほど、その威光はありませんでした。

そうなれば、結果は目に見えています。日本橋三越との取引継続を望むため、嫌々ながらおつき合いで地方に出店している店なんて、地元の人には大して魅力はないでしょう。結果として、ほとんどの地域で、その地域の有力百貨店に勝てない状況が続いたのです。最近は、閉店などの断捨離が続いていますが、そもそも出店時の「理由なき勝てる見込み戦略」からして間違っていたのです。そして、三越の場合も自らの位置づけをする時に、顧客の視点がなかったのです。

日産は、長い間「日本第二位の自動車会社」という位置づけをしており、その意識から、あらゆる車種でトヨタ対抗車種を出してきました。シェアがトヨタの半分以下になっても、経営陣からはプライドが抜けなかったために、車種全体の売上が落ちるだけでなく、車種ごとの販売台数も落ち、結果として非効率な車種構成になっていったのです。

同程度のシェアだったホンダが「うちは後発の中小企業」と認識して、得意な小型車に集中し、効率的な経営をしていたのと大きな違いがありました。

結局、この「身勝手な自己認識」はカルロス・ゴーン氏がトップに就くまで続きました。彼は、それまであった「トヨタがやってるから、その対抗車種として存在している」だけの車種を整理して、効率的、戦略的な製品ラインに切り替えたのです。

企業は、ある身勝手な自己認識で「定住」するのではなく、顧客にとって必要であればいつだって「移動」できる身軽さが必要です。**顧客に奉仕し、支持されてこその立ち位置であって、その会社の立ち位置のために顧客があるのではない**のです。顧客のためなら、いつだって変わることができる、断捨離できるという一種の身軽さが必要なのです。

成功体験が立ち位置を見誤らせる

経営者や優秀なビジネスパーソンにとって、おそらく一番難しいのが「成功体験の断捨離」でしょう。経営の世界では、成功体験を引きずったまま苦境に陥ってしまうことを「成功の復讐」としばしば呼んでいます。過去の成功体験を否定することは、誰にとっても非常に難しいことです。これの意味するところは、ある環境下、体制下で最も成功した企業は、環境が変わった場合、その新しい環境に最も適応できなくなるということです。

●ソニーの躓き

ソニーは、日本企業の中でブランド価値が高い企業として有名です。世界的に見てもトップクラスと言えるでしょう。数ある製品のうち、ソニーを世界トップの企業とならしめたのはテレビです。ウォークマンやゲームももちろん有名ですが、市場規模で言えばテレビのほうが格段に大きいのです。

ソニーのテレビは長年、世界トップシェアを誇ってきました。ソニーがすごいのは、日本だけとか、アメリカだけに強い、というのではなく、ヨーロッパも含めた世界主要3地域で満遍なく強い点です。その強さの原動力は、トリニトロン・ブラウン管による技術的優位性、さらには技術に裏づけられたトリニトロンのブランド力がありました。

ですが、薄型テレビの台頭により、トリニトロンのブランド力が意味をなさない可能性に直面しました。結局、ソニーはブラウン管テレビの優位性を維持することを選び、ブラウン管でもよりきれいになる、より薄くなるなどを試みました。

他方、国内ではシャープが大胆に液晶にシフトし、海外ではサムスンなどの韓国勢が薄型テレビへの巨大投資を行ないました。ソニーは、ブラウン管テレビの維持にこだわったため、パネルの自社生産化に乗り遅れてしまいました。結果として世界各地でシェアを落とすことになり、長年保ってきた世界トップの座からあっさり滑り落ちてしまったのです。

他社にとっては、ブラウン管テレビのままであったらソニーの座を脅かすことは難しかったかもしれませんが、こうした環境変化を捉えて、強力なトップブランドを引きずり下ろすことが可能となったのです。そしてソニーは環境変化に適応できなかった……正確に言えば、「**自社の優位性がなくなるような消費者の嗜好変化を受け入れたくなかった**」というのが本音かもしれません。

その後、ソニーはサムスンとの協業で供給力を確保し、量的には世界トップシェアを争うところまで回復しましたが、収益的には従前に比べれば大きく落ち込んでしまう結果となりました。

◉アサヒにできて、キリンにできなかったこと

ビール業界の例も「成功の復讐」の好例と言えます。

キリンは、元々は弱小メーカーでした。戦前の日本では、ビールは贅沢品で、料亭などの特別な場所で飲むのが一般的でした。その市場は、大日本麦酒という会社が圧倒的に強く、市場シェアが7割にもならんとしていました。当時のキリンビール（当時は麒麟麦酒）は、料亭市場などではこの巨人には太刀打ちできず、まだ細々としか売れていなかった家庭用市場を狙いました。そして、戦後の財閥解体により、キリン、サッポロ、アサヒの3社が3分の1ずつのシェアを分け合う形で競争してきました。

その後、戦後の高度成長に伴い個人所得が増えると、ビールは家庭での消費量が伸びていきます。それに伴い、キリンのシェアが急激に増え、1980年代にはシェアが6割を超え、再び分割かと話題になったほどでした。

当時のキリンは、一般小売店（近所の酒屋さん）への流通支配力が圧倒的に強かったのです。この強みは高いシェアの維持に大いに貢献しました。なぜなら、競合他社がいくら

新製品を出しても、お客さんは近所の酒屋に電話して「ビール1ダース持ってきて」としか言わなかったのです。「キリン」「アサヒ」と指定するのではなく、「ビール」としか言わないケースが多かったのです。そうすると自動的にキリンが届くというわけです。だから、キリンは「配達する酒販小売店」を大事にしました。またあの重い瓶ビールだからこそ、配達のありがたさがあったのです。

ところが、世の中は変わりました。ディスカウントストアで買う、コンビニで買う、スーパーで買う、というパターンが増えたのです。核家族化、単身世帯の増加などにより、酒屋さんに電話して「ビール配達して」という注文は減少の一途をたどりました。

今から20年前は、コンビニやディスカウントストア、スーパーの酒売り場は、近所の酒屋さんからすると目の敵だったのです。だから、キリンもできるだけそういうところへは売らないようにしていました。もちろん、缶よりも配達に適した瓶を重視しました。

他方、当時のアサヒはシェアが10％を切ってしまい、守るものは何もない状態でした。もう既存の取引先を断捨離することへの躊躇もありません。

コンビニが伸びる？　よし、コンビニに売ろう！　缶のほうが軽くて持ち帰りにいい？　よし、瓶よりも缶に力を入れよう！　と、酒屋さんの反発も気にせず、あっさり消費者に対応できたのです。シェア10％以下のアサヒには断捨離できても、その時のキリンは60％近かったのですから、とてもそんなことはできませんでした。

その結果は、ご覧の通りです。今ではほとんどの人が、コンビニかスーパーでビールを買うでしょう。昔のようにダースで買いたいという人は、ディスカウントストアへ行って缶のケース買いをします。

出版業界も、構造変化を迎えています。

第一弾は、通販でした。新しい販売形態（新しい環境、新しい消費者行動）に最も適応できたのは、老舗の大型書店ではなく、従来なら参入不可能とも思えた米国系のアマゾンでした。当然ですが、既存の大型書店にとっては、自社の強み（有利な立地、店舗網など）を否定してしまうことになるから、「日本人は本というものは手に取ってからしか買わないものだ」などという理屈で、当初は積極的とは言い難い状況でした。結果として、ネット販売市場におけるアマゾンの独走を許しました。

そして、今度は電子書籍の時代を迎えようとしています。講談社や小学館などの大手出版社は、今までの紙媒体のやり方における最大の成功者です。ですので、本心を言えば、電子書籍への対応は、本当はしたくないのだと思います。したくないけど、世の中の流れもあるので、今はおそらく仕方なくやっている、あるいはやらざるを得ないのでしょう。当然、そんな中途半端な気持ちで新規事業がうまくいくはずありません。まだ始まったばかりのビジネスモデルですが、多分、完全な外部からの（怖いものなしの）参入者か、気の効いた経営者がいる中小・中堅出版社のどこかが電子書籍をリードすることになるのではないでしょうか？

ネット通販に代表される消費者行動の変化が顕著になってきたことで、同様の事例は増えています。ＪＴＢが旅行のネット販売で楽天やＨ．Ｉ．Ｓに勝てないのも、同じ理由です。なぜなら全国に店舗が１０００近くもあるのですから、その店舗網を無視してネットに注力することはできません。

◉成功の真の理由は何か？

では、過去に成功した企業が再び成功することはできないのかといえば、そんなことはありません。成功した企業には素晴らしい経験があります。キリンにしても、「業務用から家庭用へ」という消費者の流れをうまくつかんで成長したのです。

つまり、本質的な意味での成功体験は**消費者の変化を読んで、それに素早く対応するこ**

とにあります。が、いつのまにかそれを受け継いだ世代は、「結果としてできた体制維持」を頑固に守ってきただけなのです。

なぜなら、楽だからです。先人の築いた体制を維持さえしていれば、自分たちは安泰だったからです。ですが、守るべきはその「消費者の変化を読んで、それに素早く対応する」という本質的な精神であって、実は断捨離すべきは、「本当の消費者とは関係なく、守ることが目的となっている体制や意識」なのです。

成功体験によって、自らの立ち位置を決めるのは問題ありません。ただ、**その立ち位置を誤って捉えてしまうことが問題**なのです。

先の例で言えば、キリンが成功した理由は、「消費者動向を早めにつかんで、料亭から家庭へと変化する顧客への対応がうまくできたから」であって、「従来の小売酒店を守ることが目的」ではないということです。従来型小売酒店の重視というのは、あくまでも顧客変化への対応のための方策だったのです。

これは企業だけに当てはまることではありません。ビジネスパーソンにとっても、成功体験そのものの体験談は断捨離の対象です。なぜ、自分は成功することができたか？　の本質部分を考えないと、単なる自慢話でしかありません。

断捨離できる人の条件

適切な時期に適切に断捨離を実行することは、容易ではありませんが、最悪の状態になる前に断捨離を実行できるのはどんな人なのでしょうか？

過去にも不断の努力で成し遂げてきた名経営者は多いと思いますが、最近で言えば武田薬品の武田國男氏や伊藤忠商事の丹羽宇一郎氏などが挙げられるでしょう。両社はともに「残念な断捨離」の段階ではありませんでした。いろいろな意味での経営課題は抱えていましたが、明日はどうなる、という危機的状況ではありませんでした。

裏を返せば、今までと同じような経営をしていても、会社が倒産する、というわけではなく、株主などの外部からの要請や圧力で改革を行なったわけでもありません。第三者からの評価ではなく、経営者として目指すべき姿と現実のギャップに耐えられずに改革を断行したのです。

武田薬品は、それまであった多くの事業を売却譲渡しました。動物用医薬品、ビタミンバルク事業、調味料事業、ラテックス事業、農薬事業、飲料事業など、まだ価値があると認められるうちに従業員ともども譲渡したのです。伊藤忠は、それまで溜まりに溜まっていた4000億円という巨額の損失処理を一気に行ない、不採算事業から撤退しました。

なぜ、それまでも優秀な経営者が多かったであろう両社で、この二人だけができたのでしょうか？　そこには「前向きな断捨離」を行なえる経営者の資質が見られます。

◉客観的な自己認識と「非エリート」

まず武田氏です。彼は「自己認識」が従来の経営者とは違いました。武田薬品を日本一の薬品企業で高収益会社と位置づけたら、今までのやり方は善であり、大きな改革は不要となります。が、彼は「東洋の一小島のローカル企業」と位置づけました。実際、日本では断トツのナンバーワンですが、世界的に見ればベスト10にも入らない、世界16位の発展途上企業と位置づけたのです。そうなると自ずと、目標はより高いものになり、非効率な多角化をしてきた同社の問題が浮き彫りになったのです。

改革ができた大きな要因は、自身も語っているように、「武田の名前」と「非エリートだったこと」です。これは断捨離を断行する上での重要な要素です。

武田の名前というのは、要するに力の源泉というかお墨つきのようなものです。創業家でない場合、株主からの圧倒的な支持の下で改革を行なう、というのもこれに当たります。

もうひとつは、非エリートだったということです。元々、彼が社長になる予定はなく、実兄が経営を継ぐ予定でしたが、その実兄の急逝により、「創業家の厄介な三男坊として社内でも鼻つまみ者」であった國男氏に社長が回ってきたのです。つまりそれまではエリート街道からは外れていたので、内部昇格にありがちな「自己否定しないと改革できない」状態ではなかったのです。

◉4000億円もの巨額の損失処理ができた理由

伊藤忠の場合は、財閥系上位商社に追いつけ、追い越せの精神で先人が築いてきた積極的な社風が、バブル崩壊とともに裏目に出ていた時期でした。とはいえ、期間損益は黒字を継続するだけの力はまだ持っていました。サラリーマン社長ですから、先代、先々代のやってきたことを否定するのは並大抵のことではないでしょう。

丹羽氏は、自分が納得いくまで会社の本当の状況を調べさせました。そして、負の遺産の大きさに驚き、会社の行く末を本気で心配しました。そこで彼が持ったのは「無私」の境地です。内部昇格経営者による断捨離の一番の敵は、自己否定です。あるいは、先輩も含めた自社否定の場合もあるでしょう。そして企業存続にも関わると言われた４０００億円もの不良債権の一括処理を決断しました。

彼が決断できた背景は、表面的な情報に惑わされず、正しい情報を入手したことと無私の心、この二つだと思います。

社長の電車通勤、無給での勤務などパフォーマンスとも受け取られがちな行動もありましたが、強い後ろ盾のないサラリーマン社長が誰もやれなかった断捨離をやるのですから、やれることはなんでもやったと言えます。結局は、市場の評価、マスコミのポジティブな論調をも生み出し、結果として強いリーダーシップを作り出すことができました。

断捨離を実行できる人の5つの資質

ここまで見てきた事例から、断捨離を実行するための資質というのが浮かんできます。経営者のみならず、すべてのビジネスパーソンに当てはまることだと思うので、以下にまとめてみます。

❶自己認識できる人。または「自社認識」できる人
武田氏は、自社を「日本一の製薬会社」ではなく、「東洋の小島のローカル企業」と認識し、より高い目標に向かって、断捨離経営を実現しました。
❷自己否定に打ち勝てる人
内部昇格の経営者であれば、それまでに行なってきたすべてのことをいったん否定できるだけの気持ちを持てるかどうか、です。過去からの経緯よりも現在・未来を重視できる人。それがなければ、外部に頼るしかありません。
❸無私の心になれる人
丹羽氏は、自分のため、自分を引き立ててくれた人々のため、ではなく、会社にとっての善悪だけで決断しました。反対するパワーに屈しないのは、無私の心だけです。
❹供給者の論理に陥らず、消費者やユーザーの論理で考えられる人
ソニーがトリニトロンを残したいと願ったのは、誰のためか？　本当に消費者のことを考えての方針だったのか？　突き詰めて考える力が必要になります。
❺論理と証拠で決断することができる人
ある事業を止めるにしても、残すにしても、前提条件なしに、外部の人も十分納得できる判断を示す能力が不可欠です。

断捨離は経営戦略

ここまでお伝えしてきた「企業にとっての断捨離」とは、「経営戦略」と表裏の関係にあるのです。

戦略という言葉はビジネスシーンでよく使われる言葉で、販売戦略とか生産戦略、場合によってはマスコミ戦略、採用戦略などと使われることもあります。

「経営戦略とは企業が自らの目標を達成するために、自らの活動領域（domain）を定義選択し、重点的に資源配分を行なうことである」（『現代経営学辞典』同文舘出版）と説明されていますが、これだけでは具体的に戦略をどう考えるのかわからない人も多いことと思います。

私が教鞭を執ったモンゴル国立大学で、言葉も通じない、戦略も知らない、というモンゴル人の学生に初歩的な考えを伝えて、かなり理解してもらったことがあるので、ここでその時の授業を再現してみます。

授業は英語の通訳がまだ伴っていない時に、戦略の初歩的概念を理解してもらうために、モンゴル国立大学の大学院生相手に行ないました。

私は「戦略って、何?」と投げかけます。一番英語ができそうな学生が「ちょっと待って」と、英語とモンゴル語の翻訳機を他の教室から持ってきました。彼女に私が「戦略」というと、それをモンゴル語に訳して、クラスの生徒にそれを伝えます。

「戦略って、何?」すると、少しずつモンゴル語ですが、発言し出します。簡単な英語も出てきます。「プラン」とか「ステップ」とか。さらに「戦略はなんのために必要?」と聞くと、またモンゴル語でお互い議論し始めます。そのうち「ミッション」とか「ウイッシュ」などの発言も出てきました。

「チンギスハーンは戦略を持っていたか?」と聞くと、全員が「はい、持っています」と嬉しそうです。5つのなんとか戦法とか、10人単位の部隊をベースにしていたとか、多分この国では皆がチンギスハーンの戦法を知っているのでしょう。戦略と戦術の違いなんて、この際どうでもいいです。

私は黒板に、山や川、湖などを絵にして書きました。そして「今は、800年前です。あなたの部隊は1000人の兵隊がいます。敵は2000人です。どうやって戦いますか?」と聞きます。

皆、結構真剣に考え始めました。

「たとえば、この川は広いんだけど、ここだけものすごく細いよね。我々は川の左側にいて、右から来る敵をこの細い川で待つというのはどう？　２０００人もいるのに、この細い部分を渡れるのは少数だから、１０００人でも十分戦えるんじゃない？」と絵を指しながら、身ぶり手振りを交えて話すと、だんだん理解してきます。

戦略というのは「どこで戦うのかを決める」のが一番大事なのです、と言うと頷く生徒が出てきます。これは逆に言えば、「他の場所での戦いは捨てる」「あそこでは戦わない」、つまり「戦わない場所を決める」ということでもあります。

では、どうしてこういう戦略が思いつくかというと、それは全体の地形などの分析をしたからです。これを「環境分析」と言います。戦う場所がどうなっているのか？　木が多いのか？　広い草原だけなのか？　山はどっちにあるのか？　これらはすべて環境分析です。

さらに、相手が何人なのか？　本当に２０００人なのか？　その２０００人は本当に全員優秀な兵なのか？　どんな武器を持っているのか？　馬は何頭か？　これらのことがわからないと、どう戦うかのプランはできないでしょう？　敵を分析しなくてはなりません。

これが「競合分析」です。

さらに、自分の部隊の力も把握しなくてはなりません。わが軍には弓の上手な兵は何人いるのか？　足の速い馬はどのくらいいるのか？　疲れていないか？　など「自社分析」も必要になります。

ビジネスに置き換えると、市場環境（顧客のニーズ）、競合相手、そして自社の資源を考えた上で、自社に最も競争上優位になりそうな戦い方、戦う場所を決めるのが経営戦略なのです。

ここで、「あなたが1000人ではなく、2000人の部隊のリーダーだったらどうしますか？」と聞くと、またモンゴル語で議論し始めます。

私が「私が2000人のリーダーだったら、こんな川の細いとこじゃなくて、こっちの平原で勝負するね。なるべく広い所で。ここで2000人と1000人で戦えば、きっと勝てるから」。皆、頷きます。そして狭いところでの戦いは避けるし、敵に誘われてもそこでの戦いは捨てます。

そこで「つまり、戦略の答えはひとつではないってことです。自分の立場で、環境で、まったく違ってくるんです」というと、今までしかめっ面をしていた一人の生徒が「なるほどー！」という顔をしてくれました。

ビジネスの場でももちろん同じです。市場環境（顧客ニーズ）や競合相手や自社の状況は企業によって異なります。ですから、同じ業界であっても、戦略は企業ごとに異なるのが当然なのです。むしろ、異ならずに他社の真似をしたら、体力があるほうが勝つのは当然でしょう。

私は授業中に何度も頭を両手の人さし指でさして「考えろ。Think!!」を強調しました。どこにも答えなんて書いてない。自分で考えるしかない、と。そうです、その企業の戦略は、いくら教科書を読んでもどこにも書いてありません。なぜなら全部違うからです。ただし、どうやって考えるかという道筋は学ぶことができます。

さまざまな分析をして、自分で考える中で、とりわけ重要なのが「捨てる」ことです。考える途中で、たくさんの案、これもやりたい、あれも可能性がある、といくつもの考えが浮かびます。

ですが、チンギスハーンの戦いのように、最終的には「このやり方で戦う」と決めなければならず、他の選択肢は捨てなければならないのです。

市場環境、競合及び自社分析をした上で、たくさんの案（これを戦略オプションと言います）を出した上で、「これだ！」というものに集中させ、他は捨てる、というのが戦略策定の定石なのです。

ビジネスにおける断捨離は、まず自社が何をやりたいか、どこを主戦場とするかを決め、そうでない分野は捨てるということが基本になるのです。

column

世界一、断捨離上手なモンゴルの遊牧民

司馬遼太郎氏がモンゴルに造詣が深いことは有名です。司馬氏は、著書『街道をゆく5モンゴル紀行』(朝日文庫)の中で、モンゴル人を評して「奇跡的なほど物欲が少ない」と書いていています。実際、モンゴルの田舎に行くとゲルと呼ばれるチンギスハーンの時代から変わらぬ移動式住居に住んで、いつも小ざっぱりとした室内を保ち、余計なモノは持たないようにしています。

実はこのゲルそのものが断捨離思考の源泉なのです。ある有名な建築家によると、モンゴルのゲルは世界でもっともシンプルで合理的な家なんだそうです。採光、空気の流れなどを勘案し、余計なモノを一切持たない移動式住居なのです。

なので、モノが少ないです。鍋を例にとっても、基本的には大きな鍋ひとつです。これでお茶も作るし、炒め物もし、揚げ物もやります。そもそも置く場所がないわけです。それに多少スペースを確保しても、移動に邪魔です。年に3回から4回ほど引っ越しを繰り返す人々にとって、モノは少なければ少ないほど良いのです。モノについては、収入云々

よりもこの制約が大前提なので、常にこのゲル内に置けるものは何かを考えざるを得ないのです。結果として、本当に大切なもの以外は持たない、という結論になったわけです。これが繰り返されることにより、物欲が削ぎ落とされていったのです。

物欲が消えたモンゴル人は強いです。おのずと彼らの関心は、家族、自然、家畜などに向き、モノではなく心を満たすことが幸せになることだと知ります。遊牧民は、見知らぬ人が突然訪ねてきても歓迎し、食事を振る舞い寝場所を提供してきました。お互い、盗み合うものもないので、安全です。家族、友人、親戚、知人を大切にし、お互いの無事を幸せに感じ、自然の大地に感謝する生活を続けてきたので、外国人からどう見えるかは別にして、本当に幸せな暮らしを続けてきました。

▼モノにこだわり始めると、幸せの基準が心からモノに移る

それが、今はどうか？　今や国民の半分近くが都市部に住むようになりました。都市化したモンゴル人はどう変わったのでしょうか？　結果は、多くのモンゴル人が物欲の塊とも言えるような人々に変わってしまいました。「何もないこと」が基本の遊牧民生活は、少しでも何か新しいモノがあると感謝の気持ちを持つようになります。つまりモノを常にプラス思考で捉えられるのです。今も、田舎のゲルにお土産を持って遊びに行くと、本当に嬉しそうに受け取ってくれます。ですが、都会の生活は違います。基本的に定住生活で、モノに関する情報量も田舎の比ではありません。そうなるとモノを溜め込みたいという発想になります。モノがあることを前提にすると、ないことが不幸に感じられ、モノを持っている他人を羨ましく思い、結果としてそれを埋めようと必死になります。つまりモノが常にマイナス思考の対象になってしまうのです。

なぜ、都市化したモンゴル人の多くに物欲が強くなってしまったのか？　部分的には、他の途上国でも貧富による差はあるはずです。そこには我々農耕民族と狩猟民族を源とするモンゴル人との違いがあります。

農業を基本とする民族は、タネまきと収穫に時期の差があり、天候不良もあり得るので、その間はじっと耐えねばなりません。つまり今、目の前にある畑や田んぼが食料となるか、収入となるかは運次第ということになります。また実際の労働からその対価を得るまで、半年もの期間を待たねばなりません。

一方、遊牧民は、目の前にいる家畜を「今食べよう」と思えば食べることができます。ミルクなどはいつでも手に入ります。しかも、毎年春には子を産んで数が増えます。狩猟に出かけた場合、今日は獲物がないかもしれません。でも、明日には獲物が見つかる可能性は十分にあります。運を天に任す期間が、農耕民族よりははるかに短く、実際の労働からその対価を得るまでの期間が非常に短いのです。そこから、「なんとかなるさ」という楽観主義が生まれてきます。

この楽観主義と物欲が結びつくとどうなるか。身の丈を無視した消費行動に出ます。収入に比して異常に高い車を買うなどはその典型です。

「一般的な日本人は、年収が500万円あっても、500万円の車は買わないでしょ？モンゴル人は違います。500万円の年収があったら、さらに借金して700万円の車を買いたいのです」これは日本とモンゴルをよく知るモンゴル人の言葉です。

元来の楽観主義者であるモンゴル人が物欲を意識すると、おのれの限度を超えてモノを欲しがるようになるということです。そして二度と断捨離できなくなってしまうのです。

非常に簡略化、概念化して申し上げれば、今の我々は、今のモンゴルを鏡として見なければならない状態です。そして、以前の遊牧民の姿が、断捨離後の姿と言えるかもしれません。モノを断捨離することで、心の豊かさが大きくなる可能性は十分にあると思います。

Part 4

仕事は断捨離でうまくいく

ビジネスパーソンは常に自問自答ができることが大切です。断・捨を繰り返すことで、自分を客観的に見つめることが、ビジネス力の向上につながるのです。

「この仕事はなんのためにやるのか？」「本当に必要なのか？」「この仕事の将来価値は？」「自分にとっての意味合いは？」

ビジネスパーソンにとっての断捨離とは？

経営における断捨離が「不要な事業を捨てて、次の健全な事業が育つ環境を作ること」だとすると、一般のビジネスパーソンにとっての断捨離は「いかにビジネスのプロとしての個性を持つか」ということになります。

日本人が外国人に「お仕事は何ですか？」と聞かれると「〇〇商事です」と答えることしかできず、自分は何のプロなのかを語れないという話を聞きますが、これではいけません。これからのビジネスパーソンは、「就社」つまり「所属する会社」ではなく「就職」、つまり**「自分は何のプロなのか」を語れるようになれ**ということです。

具体的には、企画力・営業力・開発力・技術力などの特徴・強みを持て、ということです。言い換えれば、**凸凹があっても構わないから、重要度の低いことを捨てて、強みをさらに伸ばせ**、ということです。

自分自身が、消費者あるいはクライアントの立場になれば、簡単にわかることです。

ある企業の提案書を見て「で、貴社の特徴はなんですか？」と聞いた時に「はい、当社は多くの分野で満遍なくがんばっております」なんて言われたら、白けてしまいますね。あるいは、消費者として、新製品を見た時に「なんの変哲もない、どこにでもあるような新商品」であったら興味を持たないでしょう。個性を持つ、特徴を持つというのは、逆に言えば**「ある機能を捨てる」「ある顧客層から不満を持たれても構わない」**というくらいの発想と覚悟が必要となるのです。

たとえば、情報伝達ツールには、安全、早いなどに加えて「情報量」も重要な要素でした（そのためにブロードバンドが普及したのですから）。そういう時代に、「簡単に、気楽に、すぐに」という特徴を出すために、あえて量を削ったのが「ツイッター」でしょう。

あるいは、レクサスは販売店でのサービスが慇懃《いんぎん》だとか、人をお金で判断しているように見える、などと陰口をたたかれましたが、最近の調査では、顧客満足度は第1位だそうです。これはある意味、一部の顧客からは敬遠されても、ターゲットとすべき顧客の満足を得るのが大切だという戦略の例です。

◉記憶に残る幕の内弁当はない

作家の秋元康さんがテレビ番組で、面白い企画をどう発想するかという問いに答えて

「記憶に残る幕の内弁当はない」とおっしゃっていました。なるほど、その言わんとするところはよくわかるな、と思いました。

ネットで検索してみたら、「全国人気駅弁ランキング」というサイトがありました。そこには上位25位まで紹介されていましたが、幕の内弁当はひとつもありません。あるのは、ます寿司、いかめし、釜めし、牡蠣めし、サバ寿司などです。「サバが嫌いな人はどうするんですか?」「牡蠣が苦手な人のことを考えないんですか?」なんていう声があっても、当然無視でしょう。

幕の内弁当は、平均的日本人が平均的に好みそうなおかずが、適正価格で提供されているということを考えれば、素晴らしい商品だと思います。おそらく永遠に不滅の定番品でしょう。ただ、「記憶に残らない」のです。商品としてのアピールや魅力には欠けるのです。

最近人気が出ているサービスや商品には、断捨離思想が入っているものが多いようです。先述の「ツイッター」は、投稿できる文字数を140字に限定しており、それでは足りないと思う人は使わなくていいという姿勢です。「規格外野菜」は、「多くの人が標準的と思う形」を気にしない人だけに販売しています。ミニパソコンは、あれもこれもと機能を増やし続けてきたパソコンの多くの機能を捨ててしまって、ネット利用などに特化していま す。逆に、通信機能などは省いて「メモ書き」だけに絞り、ＣＭでも単機能を強調している「ポメラ」も断捨離思想が入っている例と言えるでしょう。

断捨離上手は、戦略的発想に優れ、マーケティング力アップにつながるといえるでしょう。

本当の人脈とは、数ではなく深められた関係

▼ビジネスパーソンの人脈

ビジネスにおける人脈の重要性は、多くの人が認識していることでしょう。その人脈作りのために、名刺交換会や異業種交流会などがあるようですが、**本当にそんなものが役に立つのかは、大いに疑問です。**

名刺を何百枚集めたとか、年賀状の交換を何百人とやったという話を聞くことがありますが、そんなにたくさんの人との交流が、ビジネス上役に立つ「人脈」になるとはとても思えません。**人脈とは、いざとなったら「あいつのためなら、できるだけのことはしてあげよう」という強い信頼関係に基づいたもの**だと思います。

それに対して、そこそこの知人を広い範囲で持っていることが有効な場合もあり、それを否定するものではありません。ここでは「顔見知り」程度の関係を広く持つことを「ネットワーク」と呼びます。

本書では主に「人脈作り」について話します。

人脈を作るには、まず信頼関係を構築することが大前提になります。

信頼関係を構築するには、時間がかかります。美味しいワインと同じで、インスタントにちょこちょこっと作ることはできません。ましてや、名刺交換で一、二度会った程度の関係や、SNS上で知り合った程度の関係は、プライベートな友達関係としてはまったく構いませんが、仕事上では役に立たないでしょう。

なんでもいいから、一人でも多くの個人客を紹介してほしい、というキャッチセールスのような職種ならいざ知らず、多くのビジネスパーソンが関わっている仕事の場では、役に立たないということです。

●ビジネスでは「信用」が問われる

なぜ、信頼関係が必要なのか？　それは仕事だからです。仕事は、個人でやるものではなく、組織でやります。ですから、「人脈」を仕事に生かす場合は、組織に何らかの形で組み込まれるのです。組み込まれるというのは、具体的に仕事のスキームに入り込むという意味ではなく、**「信用」として組み込まれる**ということです。

たとえば、顧客として人を紹介した場合は、その顧客の信用リスクが好むと好まざるとにかかわらず、自動的に紹介者の評判に直結します。

では、どうやって信頼関係を築くのか？　それはお互いが信頼するに足る、と認識しあえる関係にすることが大切です。さらには、価値観もある程度は共有化できなければなりません。私自身の例を挙げてみましょう。

◉「紹介」の裏にある三つの要素

ある時、私の携帯が鳴りました。相手は20年来の友人Aさんで、ある外資系企業の社長をしていました。外出先からしく「来週中に、(日本の大企業である)B社の社長のCさんとのアポを取ってくれないか? どうしても(海外にある)本社に行く前に会いたいんだ」という連絡です。多少の背景は聞きましたが、それ以上は聞きません。私は「わかった。なんとかしてみる」と、出発前に間に合うように、B社社長のCさんとミーティングをセットしました。

なんてことのない、ただのアポ取りのように見えますが、ここには三つの要素が含まれています。ひとつは、私と友人Aさんとの関係。ひとつは、B社社長のCさんと私の関係。そして私が抱えるリスクです。この三つの要素を理解しないと、本当の人脈の意味が理解できないでしょう。

Aさんは、私がC社長とビジネス上の長い知り合いであることを知っています。そして、

料金受取人払郵便

神田支店
承　認
8946

差出有効期間
平成23年1月
31日まで

郵便はがき

1 0 1 - 8 7 9 6

511

（受取人）
東京都千代田区
神田神保町1—41

同文舘出版株式会社
愛読者係行

毎度ご愛読をいただき厚く御礼申し上げます。お客様より収集させていただいた個人情報は、出版企画の参考にさせていただきます。厳重に管理し、お客様の承諾を得た範囲を超えて使用いたしません。

図書目録希望　　有　　無

フリガナ お名前		性　別 男・女	年　齢 才
ご住所	〒 TEL　（　　）　Eメール		
ご職業	1.会社員　2.団体職員　3.公務員　4.自営　5.自由業　6.教師　7.学生　8.主婦　9.その他（　　）		
勤務先分類	1.建設　2.製造　3.小売　4.銀行・各種金融　5.証券　6.保険　7.不動産　8.運輸・倉庫　9.情報・通信　10.サービス　11.官公庁　12.農林水産　13.その他（　　）		
職　種	1.労務　2.人事　3.庶務　4.秘書　5.経理　6.調査　7.企画　8.技術　9.生産管理　10.製造　11.宣伝　12.営業販売　13.その他（　　）		

愛読者カード

書名

◆ お買上げいただいた日　　年　　月　　日頃

◆ お買上げいただいた書店名　（　　　　　　　　）

◆ よく読まれる新聞・雑誌　（　　　　　　　　）

◆ 本書をなにでお知りになりましたか。

1．新聞・雑誌の広告・書評で　（紙・誌名　　　　　　）

2．書店で見て　3．会社・学校のテキスト　4．人のすすめで

5．図書目録を見て　6．その他（　　　　　　　　）

◆ 本書に対するご意見

◆ ご感想

●内容	良い	普通	不満	その他（　　　）
●価格	安い	普通	高い	その他（　　　）
●装丁	良い	普通	悪い	その他（　　　）

◆ どんなテーマの出版をご希望ですか

<書籍のご注文について>

直接小社にご注文の方はお電話にてお申し込みください。宅急便の代金着払いにて発送いたします。書籍代金が、税込1,500円以上の場合は書籍代と送料210円、税込1,500円未満の場合はさらに手数料300円をあわせて商品到着時に宅配業者へお支払いください。

同文舘出版　営業部　TEL：03－3294－1801

その関係が非常に重要なことも知っています。その上で、会ったことのないC社長との面会を私に頼んできました。それを私が受けるということは、Aさんという人物に私が理解を持っているという前提が必要になります。そうでなければ、私は根掘り葉掘りその理由や背景を聞かねばなりません。そして自分自身で納得しなければ、とても無理して短期間にアポを取ろうとは思いません。

ですが、私はAさんに対して、大した話でもないのにこうやって頼んでくるはずはない、C社長への面会内容も何か「おねだり」みたいな話をするはずはない、私がこれをセットすることが、どれだけ大変なことかをきちんと理解した上で頼んでいる、などの信頼関係があるからこそ引き受けたのです。

B社のC社長との関係も似たような話です。そもそもC社長にとって、会わなければならない理由はどこにもありません。ですが、私が時間を区切って頼んできています。「彼(私のこと)がわざわざ言ってくるんだから、ムダな時間は過ごさせないだろう」という信頼感、他の予定が入っていても、「優先順位を変えるだけの価値が多分あるのだろう」という期待感があったのでしょう。私という人間にそれだけの信頼関係を持っているからこそ、対応してくれたのです。

そして、一番大きい私が抱えるリスク。Aさんを紹介しても、大した話でもない、あるいはおねだりみたいな話かもしれません。C社長に、「あなたのたっての頼みだから、時間を作って会ったのに、なんか全然つまんない話だったね」と言われるリスク。とりわけ、そもそもあの程度の人物を、わざわざCさんに会わせるなんて、ちゃんとわかってないんじゃないの？　と思われるリスク。これらすべてのリスクは、結局、紹介者である私にくるのです。

そうまでして紹介をしても、私にはビジネス上のメリットはまったくありません。ですが、この両者を会わせることは、きっと両者のためになると思うからこそ、こうした行動に出たのです。

◉人脈は長期間の積み重ねから生まれる

なぜ、こんな行動が可能だったのか？　それはAさんとは20年もの長いつき合いがあり、C社長とも6年に渡るおつき合いがあり、共に人柄、能力、信頼できる人物であることを私がわかっていたからです。彼らにとっても、私の存在は似たようなものでしょう。

このような状態を築くには、名刺交換や数回の面談だけでは到底できません。一つひとつ関係を築き上げることが必要です。そこにはギブアンドテイクの考え方も大切です。何かをもらってばかりではいけません。自分自身も、何かを与えなければなりません。それはもちろん、モノとかお金とか仕事が中心ではありません。面白い考え方ができる、違った角度でものごとを見ることができる、役に立つ情報を持っている、などビジネスパーソンとしてつき合っていたほうがいいと思われる能力が必要です。

もっと大切なのは、信頼関係です。裏切らない、言ったことは実行する、できないことはできないと言う、など基本通りのことです。

それらを長年続けて、初めて「いざとなった時に生きる人脈」となるのです。当然のことながら、こんな関係を築けるのは、少人数です。八方美人で誰とでもそんな関係が作れるはずがありません。お互いに、信頼し合い、いざとなれば即決で行動でき、リスクがあってもそれを引き受けるに足る人をいかに持つか、が大切です。

ですから、人脈を作りたいと思う人は、たくさんの人と知り合いになることを目的とせずに、**少なくても濃い関係を築くほうがより価値ある行動**と言えます。せっかくたくさんの名刺があるのに、せっかくたくさんの人と知り合ったのに、という人は「この人とは、5年後、10年後でもつき合えそうか?」「仮に肩書きがなくても、つき合っていきたいと思えるか?」と、取捨選択していく必要があります。

人脈は時間をかけて醸成していくもの

▼ビジネスパーソンの人脈

「いざとなった時に生きる人脈」などと言うと、「それは偉い人たちだけのネットワークでしょ?」という声が出てきそうですが、そんなことはありません。10年、20年の関係ですから、最初から偉い人なんて一人もいません。

強力な人脈とは、**「でき上がった人と仲よくなる」ことではなく、「一緒に醸成していくもの」**です。「周りにそんなすごい人はいません」という人もいるでしょうが、ごく身近で知り合う人の中に候補者はたくさんいます。

たとえば、食品会社の営業マンなら、スーパーのバイヤーなどは有力な候補です。もちろん、メーカーとバイヤーですから、商売上は厳しい関係ですが、だからこそ、その中できらりと光り、人間性溢れる人と長くつき合っていけばいいのです。長期的な関係は自分か相手のどちらかが違う職場に移った時からスタートし、それが本当の「人脈作り」の始まりなのです。

◉きつい体験を共有した人との関係は深めやすい

一番強い人脈関係の源泉は、共有体験です。対峙する商売関係でも、あるいは困難なプロジェクトで一緒だった仲間でも、きつい体験を共有した関係は、非常に強い絆を生みます。反対に、割と手軽に上手くいった仕事で一緒だった人との関係は、あまり深まることはありません。

どうやってつき合いを続けるか？　やり方がわからなければ、ギブアンドテイクの「ギブ」を自ら先にやることです。若い時代には特に与えるものはないと思うかもしれませんが、そんなことはありません。日本企業の多くの人たちは、閉鎖的な企業内のつき合い中心となってしまい、社外でのつき合いは意外と少ないのです。

ですから、先ほどの例で言えば、食品メーカーは今どんなことを考えているのか？　メーカーの事業部制とはどんな体制なのか？　こういった情報をギブ、つまり提供するだけで、相手のためになるのです。別に社外秘を話す必要はまったくありません。

当然のことですが、こういった関係を築くには、意識的に行動する必要があります。そのためには、**コアなつき合いをしない人とのつき合いは、努力はしない。**もっと言えば、

忘れられても構わないくらいの覚悟が必要です。たくさん知り合いがいたとしても、そのほとんどとはそうした関係になることはありません。断捨離の発想で捉える必要があります。

大学時代の友人も大切な人脈です。若い時に仕事で切磋琢磨しあった社外の人も、大切な人脈候補です。転職した場合は、前の会社で一緒に汗をかいた人も人脈候補です。そして一緒に成長していくのが理想的です。

人脈は同レベルの人から始める。きつい共有体験を持てた人は、長く続く。これはと思うコアな人へはまずギブを。人数を増やすだけの行動は止める。共に成長するのが理想的。そして、重要度の低いつき合いは断捨離する。

人脈は「いざとなればリスクを負う可能性があっても、一肌脱ぎたいと思わせる関係」です。ネットワークは、リスクは取れないが、常に顔と名前と仕事内容が一致し、リスクのない範囲での紹介、問い合わせなどに好意的に応じてもらえる関係、と言えます。

人脈は、時間をかけて醸成するものであり、ネットワークは、時間と共に価値が減少しないように維持するもの、です。

検索を捨てる
▼付加価値の高い情報の集め方

今はインターネットのおかげで、あらゆる情報が本当に手軽に入手できるようになりました。情報の溢れる時代にどうやって情報とつき合っていけばいいのでしょうか？私は、こういう時代だからこそ、「生の声」「周辺情報」「眠っている情報」というものが一層重要で、価値あるものになってきていると思います。別な言い方をすれば「アナログ情報」とも言えるでしょう。

私は、10年間のプライベート・エクイティ（PE：今では「企業再生ファンド」や「買収ファンド」と呼ばれるもので、投資家から集めた資金によって、中長期投資を目的として、企業を買収し、その企業価値を向上させる目的で経営に深く関与し、最終的には上場や売却によって利益を得るというビジネスです。私は日本人として、日本における最初のPE経営をした一人でした）の仕事を終えて、再びコンサルティングの世界に戻りました。コンサルタントという立場で顧客と接することや、プロジェクトメンバーを集めて侃々諤々と議論をするケースミーティングなどに触れ「ああ、この感覚、懐かしいな。また戻ってきたな」と感慨にふけっていた時に、ある違和感がありました。それはリサーチ業務のあり方でした。

◉若手が放った衝撃の言葉

私がある顧客のプロジェクトについて、若手にリサーチを頼んだ時のことです。私は昔の感覚で、「今日頼んだんだから2～3日はかかるだろう。分析までは頼んでないから、1週間かかることはないだろう」と思っていました。

ところが、わずか数時間後、大学を出てまだ2年目の若いリサーチャー・アソシエイトが私の部屋に報告にやってきました。聞けば、先ほど頼まれたリサーチの報告に来たというのです。「随分早いな。最近のリサーチャーはこんなに優秀なのか」と驚きました。なにせ、10年前であれば「目的を達成するまで帰ってくるな！」という誠に厳しい習慣があったので、当然、よい結果が得られたのだと思い、感心したのです。

ところが、見せられた数枚のコピーの中に、私が頼んだデータや調査結果はありません。驚いて「全然ないじゃないですか。私が頼んだのは……」と話し出すと、彼は「もちろん、わかっています。でも、田﨑さんが知りたいようなデータはないのです」と平気で言うのです。にわかには信じられませんでしたが、彼は続けました。「ネットで、ご指示のあったキーワードやそれに近いものすべて検索しました。英語版も見ましたが、そういうデータはないのです」と。

呆れて「MDセンター行ったのか？　矢野経、富士経など全部行ったのか？　業界団体へは行ったのか？」と、調査のために訪問すべきところについて突っ込むと、「はい、そういう会社の情報も全部ウェブで調べましたが、ありません」と言います。

私はなんだかへなへなと、脱力感を感じてしまいました。その後、自分の会社の若手だけがそんなことをしているのかと思って、昔馴染みの他社の友人に聞いたところ、「そうなんです、最近はそういうの多いんですよ。我々の頃とは全然違いますよ」と言われました。

●ネットの情報は誰でも得られるもの

そして、その衝撃から3年間、シニアな立場でコンサルタントを務めました。今はっきり言えることは、**ネット検索に慣れている人たちの最大の欠点は情報収集能力に欠けているる**ということです。もちろん、ネット検索は便利ですし、否定するものではありません。

私がコンサルタントの駆け出しだった頃に比べれば、情報収集の効率性は、比べ物にはならないほど高いことはわかっています。

ですが、それはある意味**「誰でも手に入るもの」で、なんら特別なものではありません。**

経済の世界では「コモディティ」ということになります。これはコンサルタントという職業だから、情報収集が特別だというのではありません。マーケティング担当でも開発担当でも、情報収集は製品やサービスの高付加価値化、差異化には非常に重要なポイントです。

情報収集の優位性というのは、絶対的なものではなく、ある部分では相対的なものです。今は、20年前に比べれば、桁違いに高いレベルの情報を集められますが、競争相手は昔の人ではありません。つまり、**その程度の情報は大した価値ではない**ということです。

◉人に聞くことで、情報収集の「仮説」をたてられる

では、どうすればいいのか？　ネットにしがみついて検索するのは、ほどほどにするか、誰か得意な人に任せてしまうことです。ある時点で、ネット検索を捨てるということです。

その分、人に聞くのです。いろんな人に。

たとえば、ある業界を調べるとします。当然、簡単な調査はネットでするでしょう。多分、データとか、業界の変遷、主要製品などは簡単に収集できるでしょう。ですが、そのデータの裏に何があったのかは、わからないことが多いのです。あるいは、ネット上はあ

る意味「公式発言」ですから、真意が読み取れないこともあります。

そんな時には、たとえば業界団体に直接出向いてみるのもひとつの手です。多くの業界団体は、失礼ながら「各社のトップクラスの人材が集まってしのぎを削っている場所」ではありません。団体プロパーの人もいれば、各社から出向している人もいます。こういうところを訪ねてみると、喜んで相手をしてくれる場合が多いのです（要するに、あまり忙しくないということです）。ですが、そういう方々は、多くの場合いろんな生きた情報を持っています。また、そういうことを真剣に聞いてくれる人が訪ねてくるのを歓迎してくれる空気もあります。多くの業界団体は、業界の広報的な役割も備えているので、喜んで話してくれます。「あの新製品が失敗したのは、本当はこういう理由だった」とか「X社が急激にシェアを落としたのは、新聞では新製品の不出来と書いてあったけど、本当は販売店との争いが原因だった」とか。

別に週刊誌のネタを探すのが目的ではありませんが、そういう生きた情報から、新製品開発の落とし穴や、業界の抱える本質的な問題が浮かび上がってくるのです。

当然、こういう訪問から新しいデータ的な情報はあまり得られないでしょう。ですが、情報でより付加価値があるのは「切り口」です。どういう観点で、情報収集をしたいのか？　もっと言えば、仮説です。どういう仮説を持って情報を得ようとしているのか？

やみくもにネット検索を延々と続けるのではなく、どんな「切り口」や「仮説」を持って情報収集すべきか、が重要になるのです。ですから、ネット→リアルの収集→再びネットと、スパイラルにアプローチすることで、欲しい情報、有効な情報、自分の付加価値が含まれている情報にでき上がっていくのです。

●「現場」は情報の宝庫

行き先は、業界団体に限りません。どこでもいいから「現場」を訪ねるのも一案です。営業系の人に販売状況を聞くというのは、誰もが思いつくことでしょう。もちろん、それも現場の声として重要な情報です。ほかにも、たとえば、ターゲットとしている商品を扱っている問屋や倉庫会社に聞きに行くというのもひとつの手です。

倉庫会社の人は、一つひとつの商品戦略や販売動向などはわからないでしょうけど、「商品の動き方」には敏感です。たとえば、似たようなシェアの商品同士でも、商品Xが月中ほぼ安定した荷動きなのに対して、商品Yは月末に集中したり、期末に集中したりする傾向が強いといったことがわかります。こういう場合は、商品Yのほうが商品力が弱く、メーカーの値引き額も大きいのでは、と疑ってかかることができます。そういう仮説ができたら、再びネットに戻って「出荷状況」や「値引き状況」を集中的に調べてみる、ということもできます。

つまり、ネット上で情報が氾濫してしまっているからこそ、いったんネット検索に頼るのを捨てて、ネット上には出てこない**人の頭の中にある情報にアクセスしてみる**ということです。そして、そこから新たな「切り口」や「仮説」を導いて、情報の付加価値を高めることを考えないと、**誰でも知っている情報しか手に入らない**ということになってしまうのです。

許容量を超えると、自然と効率的になる

▼ビジネスパーソンの時間

どの企業にも、世界中どの人にも等しく限られているもの、それは時間です。時間の有効活用については、昔から多くの方々がアドバイスをしてこられました。手帳の有効な使い方とか、最近でいえば携帯を上手に使って時間管理をする、などもあります。私の場合はそうではなく、時間を効率的に使える状態に「半強制的に追い込んだ」と言えます。

私が駆け出しのコンサルタントだった時は、一人のコンサルタントに二つのプロジェクトを与えられました。これはきつかったです。実際、世界的に見てもグローバルなコンサルティング会社で一人のコンサルタントが二つのプロジェクトを持つというのは、その会社だけでした。そして、その2プロジェクト制によって、随分鍛えられたと思います。

コンサルティング・プロジェクトは、決められたテーマに対する問題解決をお客さんに提供するというものです。その対価は「時間」で頂戴します。

車を製造販売している会社なら、開発者がどんなに頑張ろうと、営業マンが夜中まで働こうと、昼間喫茶店でマンガを読んでいようと、そんなことは関係なく、お客さんが対価

として支払うのは、その車のためだけです。実際、私は食品会社で財務の仕事をしていましたが、お客さんが払ってくれるのは、私の財務の仕事に対してではなく、「ほんだし」などの商品に対してでした。ですから、なんとなく、「給料は会社が払ってくれるもの」という気分になってしまうのです。

これに対して、コンサルティングの場合はもっとストレートです。私の使った時間に対して、お客さんが払ってくれるのです。つまり、私が商品そのものになるのです。すると、常に自問しなければなりません。「今、この瞬間も私はこの時間をお客様にチャージしているが、これはチャージするに足る時間の使い方をしているのだろうか？　チャージに見合う仕事をしているのだろうか？」と。

もちろん、コンサルティング以外の会社でも同じように考えることはできます。「会社は私を雇っているが、この時間の使い方は、会社の要求に見合うだけの使い方だろうか？」と。しかし、お客さんが払うお金と、自分が所属する会社が会社の規則に則って支払う給料とでは、感じ方は全然違います。

さらに、時間の概念と成果の概念が都合よく混じり合ってしまうのです。たとえば営業であれば、多少はある時期ブラブラしていても、最終的にきっちりとした数字を積み上げれば、「達成した」と言えますし、その間の時間の使い方までとやかく言われることは少ないでしょう。

◉「倍の仕事」をすれば時間はひねり出せる

コンサルタントが二つのプロジェクトを持つということは、ひとつのプロジェクトを担当するコンサルタントの倍の仕事をするということです。理論的には、私の1日の時間は、A社に4時間、B社に4時間売っていることになっています。ですが、実際にプロジェクトに入ってしまえば、そんな悠長なことは言ってられません。

プロジェクトの開始時に2社を担当していることを伝えていても、お客さんの中には、プロジェクト開始後にプロジェクトメンバーに入る人が多いこともあり、次第に誰も気にしなくなります。もう一方の仕事を予定していた時に限って、「じゃあ、明日の朝に打ち合わせますから、資料よろしく」と言われたりします。あるいは「もうひとつのプロジェクトで予定していた日程」にインタビューの時間が入ったりもします。もちろん、先方との折衝時間の問題だけではありません。プロジェクトは常に社内外のミーティングの締め切りに追われています。二つ抱えていると、ほとんどいつも締め切り寸前という状態が続くのです。さらに、私は長い間、東京と福岡で二つのプロジェクトを持っていました。当たり前ですが、こうなると時間が足りません。いくら考えても、物理的な時間が足りなくなるのです。

すると、どうなるか。まずは寝る時間を削ります。しかし、さすがにこれは断捨離でもなんでもなく、単に自分の身体の健康状態を削るだけなので、すぐに行き詰ります。

そうなると何かを捨てるしかないのです。考えてプランを立てる、などという余裕はありません。半ば本能的にムダな行為を省くようになります。残念ながら、平日のプライベートタイムはかなりなくなりましたが、その分、週末だけは確保しようという強い意志で、休日出勤はほとんどしませんでした。事務的作業も当然断捨離の対象になります。場合によっては、サポートスタッフの助けも借ります。ですが、それも限度があります。

こういうことを繰り返していくと、段々と**時間の「使い方」ではなく「作り方」、言い換えれば「ひねり出し方」が見えてくる**のです。時間のムダを探すことが得意なトヨタではありませんが、よくよく観察すると断捨離すべき対象はたくさんありました。たとえばコピー時間。コンサルティングの仕事はコピーを必要とする場が多く、当時、富士ゼロックスの方が「この会社は、多分従業員の数に対するコピー使用枚数は東京で一番でしょう」と言ったのを覚えています。東京で一番ということは、おそらくは日本で一番ということになるでしょう。

コピー機を回している時間も大切な時間で、3分くらいの時もあれば、30分くらいの時もあります。資料をバインドしてブック作成までとなると、数時間の時もあります。3分なら、3分でできるもう片方の仕事を意識しておくのです。コピーを頼んで、そのますぐに別プロジェクトの3分でできる仕事をします。30分ある時は、30分の仕事をします。

ここで大切なのは、**やるべき仕事を空いた30分だけやって、コピーができたら、それを止めてまた元の仕事に取り掛かる、としないこと**です。30分できちんとやり遂げるのです。そうでないと、仕掛中の仕事ばかり増え、かえってあとから時間がかかることになるのです。

ですから、A社のための仕事をしている時には、当然そのプロジェクトに没頭していますが、同時にその中で、時間的に小分けできる仕事をあらかじめ探し出し、あたりをつけておくようにします。

「3分あればグラフのリソースチェックができる」とか「30分なら、このスライドを4枚書ける」とか。そして、B社の仕事中に少しでも空き時間が見つかったら、瞬時に切り替えられるようにしておくのです。

短期間（日常ベース）での時間の有効な使い方は、集中力を持つことが一番大切です。「自分は集中力がなくてね」という人もいるでしょうが、それを得るには「自分を極限まで追い込む」しかありません。最終的には、身につけようと思わなくても、自然に身につくものです。なぜなら、それしか解決策がないからです。

こうして時間を作り、集中力を鍛えると、本来は16時間（1日8時間×2プロジェクト）は必要な仕事でも、12時間くらいには効率化できるようになります。

こうした経験のお陰で、投資ファンドを経営した時には、時間を捻出することができるようになっていました。当時は、東京、大阪で常時3〜4社の経営をやっていました。午前中に東京のX社で取締役会をやって、午後1時からの営業会議を大阪のY会社でやる、というのは日常でした。さらに、飛行機の中で経営する投資会社の株主向け報告書を作るという具合です。

時間は、「計画的に割り当てる」よりは「集中力と仕事の単位を区切る」ことによって作り出すものです。そのためにもっとも効果的なのは、**半ば強制的な状態に自分を追い込むこと**です。上司から追加の仕事が来たら、喜んで引き受けてください。どんどん引き受けてください。給料以上の仕事を引き受けてください。それが時間使いの上達につながると思います。ちょうどいい時間の仕事では、上達はできません。

なんでも自分でやろうとする意識を捨てる

▼ビジネスパーソンの時間

もうひとつ、短時間で仕事をする上で大切なのは「仕事を区切る」ということです。時間を効率化するには、「自分の時間をより付加価値の高い部分に集中させる」ことが重要になります。若手や新人はともかく、ある程度の仕事を任されるようになったら、人に仕事を依頼して、自分はより付加価値の高い仕事をすることが求められるでしょう。仕事を頼むのは、多くの場合は、後輩だったり、部下だったり、あるいはサポートスタッフだったりします。もちろん、社外の人という場合もあるでしょう。

そこで重要になるのが、この「仕事の切り分けを明確にする」「仕事に区切りを入れる」という概念です。

参考になるのが、ＩＴ業界の仕事の進め方です。インドが今やＩＴ大国だということは、ご存じの方も多いでしょう。日本にいるとまだ新聞や雑誌などで目にする程度ですが、欧米企業ではその認識は相当進んでいます。そして、欧米の大手ＩＴ会社はもちろん、一般企業もインドへＩＴ業務を委託したり、ソフトウェア開発を発注しています。そんな中、日本企業はかなり出遅れていると言わざるを得ません。

なぜでしょうか？　英語の問題？　確かにそれはあるでしょう。ですが、ＩＴは他の仕事に比べて圧倒的に共通専門用語が多いため、そこさえ踏まえておけば、むしろ他産業よりは言葉のハンディは少ないと言えるでしょう。

では、何が一番の原因なのでしょうか？　それはインターフェイスです。ＩＴの話でインターフェイスというと、「パソコンの画面上での、顧客との接点のことか」と思われるかもしれませんが、そうではなく、企業対企業のことです。わかりやすくいえば、発注企業と受注企業の関係で、日本的に言えば「ソフトウェア開発の下請け企業」との関係と言えます。

◉日本企業が海外に仕事を発注できない理由

そもそもの原因は、日本企業の多くに契約意識が少ないことにあります。大企業の多くは、ＩＴ産業だけでなく、多くの下請け企業との取引があります。もちろん、契約は存在しますが、はっきり言って大企業と下請け企業は「上下関係」と言える関係です。

すると、どうなるか？

「この仕事、来月までにお願いね。条件はいつもの通りで」「今回の仕事、ちょっと難しいんだよ。とにかく期日までに何とかしてよ」といったやり取りをしながら進めてきました。「いつもの通りとは、どういう条件ですか？」とか「期日までに、何をどこまでやれというのですか？」などと言う下請け会社とは、つき合いたくありません。

ですから、「はい、いつもの条件でやらせていただきます」「はい、お任せください。頑張って、なんとかします！」などと答えてくれる下請けが好きなのです。

実際の会話はこの通りでない場合も多いですが、要するに大企業にとっては長期的な関係の中では「使い勝手のいい下請け」が何よりも大切で、多くの場合、技術やコストよりも優先します。下請け側も心得ていて、大企業側が多少の無茶を言ったり、理不尽なことがあっても、契約を盾に文句を言うことは稀で、その分、また次の仕事の時に取り戻せばいい、と対応策を考えています。そして、この「ぬるい」関係こそが、競合する他の下請け会社に仕事を奪われない最大の防御方法だとわかっているのです。

この「ぬるい」関係のまま、インドの会社へ行くとどうなるか？　インドの会社は、基本的には欧米の会社との取引で成長してきましたから、非常に契約意識が高く、日本側の「こんな感じでお願いします」とか、でき上がってきたものを「いや、ちょっとイメージが違いますね。もっと、ここをこうして……」といった要望には、「それは契約のどこに書いてありますか？　事前の契約と違うことを要求するなら、追加料金を要求します」と対応します。そんなことを繰り返しているうちに「インドの会社って、なんか理屈っぽくて使えないんだよね」などと敬遠するようになるのです。

日本の大手ＩＴ企業は長年、こうした「使い勝手の良い下請け」を使ってきたので、きちんとしたＲＦＰ（Request for Proposal：提案依頼書＝発注者側である大手ＩＴ企業が下請けを依頼するシステム会社に発注内容の調達要件定義を書いたもので、「どんな条件で、どんな内容のシステム構築を依頼するのか」を具体的に書き落としたもの）を作るのが苦手でした。

なぜなら、大手ＩＴ会社は、下請け会社に対しては自社で受注しているシステム構築の補完をやって欲しいからなのです。この部分の人手が足りないから手伝ってほしいとか、あるプロジェクトチームで、ネット系のスタッフが足りないから、そこを補充して欲しいなどの、ＲＦＰにはそぐわない仕事が多いのです。わかりやすく言えば、「高等技術を持ったお手伝いさん」的な人が歓迎されるのです。

結果として、システム全体からある部分を「切り出して」ひと塊りにして、それを外部へ発注することに慣れることがなく、またそういうのを作ったところで、下請け相手の場合は事後的にいくらでも融通がきくので、さほど真剣には取り組んでこなかったのです。

「切り出し下手」は、IT業界に限った話ではありません。

どんな業種・業務でも、人に仕事を依頼する場合に一番大切なのは「**何を頼むかを明確にする**」ことです。

単純作業はともかく、自分の仕事に組み込まれる重要なパーツであれば、なおのこと重要になってきます。結局これは、RFPと同じで、要件定義とも言えます。一番時間をロスするのは、作業時間が長いとか短いではなく、他人に頼んだもののチェックとそのあとです。そのチェックの過程で、「もっとこうして欲しい」「追加でこれが必要だ」といったことが出てくることが多いのです。そこで依頼された人との認識や前提条件が違っていると、大きなロスになってしまいます。依頼された人は「そういうことなら、最初にちゃんと言ってくれればよかったのに……」「最初に言ってたことと、なんだか微妙に違うみたい……」と不信感さえ抱きかねません。

「仕事の切り出し」は、仕事を依頼する側の責任です。出す場合は、ここに時間をかけないと、後からその何倍もの非効率を生んでしまいます。とはいえ、頼む側も時間の効率化を目指しているわけですから、毎回そこで悩み続けるわけにもいきません。なので、仕事を切り分け、依頼する時のポイントを外さないようにしなければなりません（左ページ参照）。

仕事の切り出しのポイント

❶その仕事の目的を相手がわかるように明確に話す
「A社への新規プロジェクトの提案で、提案内容はOOと考えています」ときちんと目的を説明した上で、「最近の外食産業の動向を調べて欲しい」とか「食品メーカーの外食産業への取り組みを調べて欲しい」などと依頼する ×　目的ではなく、作業内容だけを話す
❷その仕事ができ上がっている状態を明確に話す
どの程度まで期待して依頼しているのか？　たとえばプレゼンの資料なら、フォント、グラフの様式までを決めておく。質についてもあらかじめ定義しておく。最低限はここまで、できればここも、と段階別に示す 仕事の範囲を伝える。その隣接する仕事は、誰がやるのか？　どう使われるのか？　その仕事の後工程は誰がやるのか？　調査対象、エリアや年数なども含む。「やらなくていい範囲外」はどこかを決める 「期待値」や「範囲」については、依頼する側とされる側が終わってから両者がチェックできるようにしておく。客観的な指標がなければ、事前に共通認識が持てるようにしておく
❸期日と途中でチェックする日を決めておく
相手の能力、忙しさなどを考慮し、十分達成できるはずだと思われる期日を設定する。またその期日の重要性も伝える。期日まで時間が空くときには必ず途中のチェックポイントを設ける。ミーティングの場を持てない場合、メールだけでもチェックする。
❹①～③を文字にして残しておく（メモかメール）

「仕事の切り出し」をスムーズに進めるには、「自分の仕事をある単位で区分けする」習慣をつけることが大切です。大まかにでも、自分の仕事を区分けして、それを作業単位に落としていきます。頭の中で考えるだけで構いませんが、最初のうちは書きだしたほうがいいでしょう。

それらをさらに細かく区分けします。ポイントは、内容と見込み時間です。

5分の仕事、30分の仕事、8時間の仕事など出てくるでしょう。ですが、8時間の仕事というのは、そうはないと思います。8時間つきっきりで連続していないと不可能な仕事は、ごく一部の例外を除いて、現実的にはもっと分けられるはずです。

大切なのは、「その時間で終えたら、もうその仕事は終わり」と言える状態に区分けすることです。「終わったはずの仕事のチェック」とか「終わったはずなのに、結局前に戻ってすべてを理解してからでないと次に移れない」状態にはしないということです。

◉仕事を小さく区分けして、後から戻らなくてもいい状態を作る

「区分け」とは、何も「完成させる」ことだけではありません。たとえば、「資料を読みこんで、分析して、自分の考えていることをスライドに落とす」ことが、ひとつの仕事の

でき上がりだとしたら、「この時間では、資料の読み込みだけやる」、四つある資料のうち、「この二つの資料だけは読み込んで、そこでの要点のメモを作る」でもいいのです。要は、**後から戻らなくてもいい状態、確実に次のステップに進める状態にする**ということです。

「仕事の単位を区切る」「区分けした中では、仕事が完結する状態にする」ということを習慣づけることによって、自分の時間を有効に活用することができます。他人に仕事を依頼する時には「完結した単位」で頼むことができ、依頼する前後の「調整作業」に時間を使わなくて済むようになるのです。

仕事の効率化には、まず自分の仕事の単位を区分けしてみる、そしてその中での完成形を意識する、そして空いてる時間や、他人に振ることによって、自分の時間をより付加価値の高い仕事に振り向けていくことが大切です。

「捨てる」ことで思考力が磨かれる

目標を達成するために、ビジネスパーソンが身につけておきたい能力は三つあると思います。実は、その能力にも断捨離の発想が求められます。

ひとつ目は、**問題解決能力**です。ここでは、この能力を「ビジネス上起こる問題を発見し、選択肢を考え、その時点でもっとも正しい解決策を見つけ出し、他者を巻き込んでそれを実行し、定着させる能力」と定義づけます。これはビジネスパーソンでも、大企業経営者でも、中小企業経営者でも、専門的な職人さんでも、優秀なお医者さんでも同じことです。

この能力とともに大切な二つ目の能力が、その仕事を成し遂げる上での専門的な技術、スキル、知識などの**専門的能力**です。半導体技術者を目指すなら、学生時代の基礎的な知識はもちろん、顧客が持つ問題を理解する知識、それを自社内にある蓄積技術などと合わせて設計図に落とし、実際の生産ラインに組み込むスキルなど、単なる学問上の知識とは異なるスキルが求められます。

経営コンサルタントであれば、情報を収集し分析するスキル、市場などでのインタビュースキル、その分析を基に解決策を考え出す思考力、洞察力、顧客の課題を理解し、共有化するコミュニケーション力、そして最終的に顧客に理解し、実行させるための実現力などが必要となります。

これらは、身につけるためには、ある一定の「修行」期間を必要とする「専門的能力」と定義することができます。

ビジネスパーソンが成功を目指すなら、必ずこの二つの能力、「問題解決能力」と「専門的能力」が必要となります（ここでは成功の定義はしません。自分がビジネスシーンでこうなりたい、と思う姿を思い浮かべてください）。

両方の能力が必要なのは確かですが、私はさらにもうひとつの能力が必要だと思っています。それが三つ目の能力である**学習能力**です。学習能力とは何か？　それは文字通り、ゼロから学習する能力です。そんなことは、この二つの能力を磨いていけばそれなりに付随してついてくるものだと思われるでしょうが、そう簡単にはいきません。

三つの能力のうち、「専門性能力」はそれぞれの職場で、ある一定期間の「修行」する中で身につけられると申し上げましたが、他の二つの能力はどうすれば身につくのでしょうか？　以下で、この二つの能力はどう身につければいいのか、を一緒に考えてみましょう。

前提条件を捨てる

▼問題解決能力を高める

まずは「問題解決能力」をどう身につけるかです。問題解決能力とは、「ビジネス上起こる問題を発見し、選択肢を考え、その時点でもっとも正しい解決策を見つけ出し、他者を巻き込んでそれを実行し、定着させる能力」と定義され、ビジネスパーソンにとってもっとも重要な能力と言えます。

私の経験では、大企業の中間管理職（一般的には、新人以来同じ会社にいる）にとっては、「与えられた問題を解決する能力」は高いものの、「何が問題なのかを発見する能力」が欠けている場合が多いようです。というのも、同じ仕事を長年続けていると、段々「どこに問題の本質があるのか」を見極める能力が低下してくるのです。**新しい視点やまっさらな視点でゼロから見ることができなくなり、「そんなのわかっている」「そんなの決まっている」という発想に陥ってしまう**からです。

あるいは、なんとなく問題がありそうだと感じてはいても、「どうせ、解決できっこない」と、考えることを無意識に避けてしまう場合もあります。つまり、「何が問題なのか？」を考えた時に、「考えたって、解決できるはずないだろう」という問題は、はなから頭に浮かんでこなくなるのです。そうなると一層問題が見えづらくなり、表面上の問題の裏返し的発想になってしまうのです。

「何が問題ですか？」と聞かれて「売上が伸びないのが問題です」と答える人は多いことでしょう。「なぜ、売上が伸びないのですか？」と聞くと「営業力が弱い」とか「開発から新製品が出てこない」とか「生産コストが他社より高い」などという典型的な答えが出てきます。

「なぜ、営業力が弱いのですか？」と聞くと、「最近の営業はこまめにお客さんのところを回りきれていない」とか「せっかく新製品を出しても、きちんとした商談ができずに採用してもらえない」などと言います。「なぜ、こまめに回れないのですか？　なぜ、新製品の商談が上手くいかないのですか？」と聞けば「最近は合理化が進んで、営業マンの数が足りない」とか「新製品の商談に割ける時間がない」などの答えが返ってきます。さらに「なぜ、新製品の商談に割ける時間がないのですか？」と続ければ、「既存品のフォローで手いっぱいで、とても新製品の案内をする時間がない」。「なぜ、既存品のフォローで手いっぱいなのですか？」と聞くと「既存品でも簡単に前年マイナスになるから、そっちで手がかかるのです」という答えが返ってきます。「では、新製品の紹介よりも、既存品のフォローのほうが、売上向上には重要なのですか？」と聞くと「いや、新製品がなければ、売上を伸ばすのは難しい」と答えます。

こんな質問を繰り返していると、段々「そんなこと決まってるだろう？」とか「仕方ないだろう？」という顔になってくる人もいます。

なるほど、その通りかもしれません。ですが、ほとんどの人が長年同じ環境にいるうちに、自社の問題について考えを詰めていく、あるいは自問自答することができなくなり、「何が問題ですか？」と聞かれても、「売上が伸びない」といった、いわば表面的な捉え方しかできなくなるのです。

それは、自分の担当している事業について、聞かれれば知っていることはたくさんあるものの、**自ら問いを立てて、問題の本質に迫ろうとする追求力が乏しくなっているから**、と言えるでしょう。

トヨタでは「なぜを5回繰り返して、真因を追究」していますが、一般的には、現象（例：売上が伸びていない）と原因（例：新製品紹介をする時間が確保されない）を混同してしまうケースが多いのです。また考える前から「そんなこと考えても仕方ない」とか

「そんなのは決まっていることだ」という思い込みの壁で動けなくなる場合もあります。

「何が問題か?」を問うのに、本来は前提条件など一切つけずに考えるべきであるのに、自らそれを設定してしまって、思考の幅を狭くしてしまっていることが多いのです。

◉問題の本質を見誤ると、ムダ打ちが増えてしまう

たとえば、今ではすっかり有名になったアスクルの存在を考えてみましょう。

業界トップのコクヨからすれば「なぜ売上が伸びなくなったんだろう?」と、ある時期になんとなく感じたことでしょう。「最近の営業力が弱っている?」「春の新製品の引き合いが悪かった?」「ライバルのプラス(アスクルの親会社)には売り負けてはいないはず」など、過去からの延長的発想は当然あったことでしょう。しばらくすると、どうも問題は、これらのどれでもなく、ネットでの直取引をしているアスクルが大きく売上を伸ばしているせいだと気づいてきます。

ですが、コクヨの強みは全国に張り巡らされた代理店・小売店ネットワークにあり、これが同社の最大の財産でもあったのです。当然、歴代社長も含め、多くの幹部はこの強力な販売網の維持に力を注いできました。

そうなると、どうなるか?「何が問題か?」という問いへの答えが、非常に限定されて

しまうのです。つまり「通販に比べて、コスト高で非効率な販売網が問題」などというテーマは、頭から消し去られます。そんな根本的な問題は、誰にだって困ることで、考えることすら拒絶したくなるでしょう。すると、「小売店ならではのきめ細かいサービスを生かせる商品開発をしよう」などを課題としてしまうことになります。

ですが、すでにそんな対応で勝てる問題ではなくなっていたのです。ならばと「通販を始めるにしても、今までの販売店さんを無視してはいけない」との意見調整もまた課題になります。

問題の本質は、ユーザーの消費行動そのものが変わってきていることにあったわけで、その本質から目をそむけた対応策では、いくらやっても効果は知れてます。結局、コクヨがカウネットを始めたのは、1993年にプラスが通販事業を始めてから7年も遅れての開始となりました。

「問題の本質は何か?」を見誤ると、いくら社員一丸となって問題解決に当たっても、効果は出てこないばかりか、ムダ打ちが多くなってしまうのです。

「問題解決能力」の第一歩であり、もっとも大切なことは、「何が問題か」を発見することです。そしてそのためには、自己意識の中で「既存の常識の断捨離状態」を作り上げねばなりません。コクヨの例でいえば「消費者の購買行動の変化」があったわけですから、「コクヨの強力な販売網の存在そのものが、消費者行動の変化へ対応することへの妨げになっている」という課題認識が必要だったのです。

ゼロベースでの発想というのは、口にするほど簡単ではありません。意識した「既存の常識の断捨離」が必要なのです。

これまでの経験を捨てる
▼学習能力を高める

次に「学習能力」について考えてみましょう。

たとえば今、食品業界でマーケティングの仕事をしているとします。30代ともなれば、ユーザー調査の仕方も、レシピ開発の仕方もかなりわかってきているし、社内稟議の上げ方もわかっています。主要データの読み方も、イオングループとセブン&アイグループの方針の違いもわかっています。

この**「わかっている」という意識が、学習能力の発達を阻害する**のです。

そのポジションに長くいることで、たとえばマーケティングについての知識が身についているのは確かですが、それと学習能力の問題は別です。身につけば身につくほど、学習する必要はなくなり、常に新しい情報やスキルさえインプットしていけば、かなりよい状態が保たれるようになります。そして、それとともに、**何かをゼロから学習する能力が減少していく**のです。

経験をゼロリセットされるのは、辛いものがあります。

私自身の経験でいえば、私の最初の仕事は、九州でスーパーや問屋さんに食品を販売するというものでした。大阪よりも西に一度も行ったことない人間が、自社の商品名、価格体系、たくさんある商品の特徴・セールスポイント、問屋さんの名前、仕入れ担当者の名前・特徴、問屋のセールスさんの名前・特徴、200店近いスーパーの場所・店の入り方・入館証のもらい方、食品担当者の名前・特徴、鍵となるパートさんの名前・特徴、本部のバイヤーの名前・特徴、スーパー別の商習慣・ポリシー、たくさんある商品すべての競合会社の商品・価格体系・セールスマンの名前・特徴……などを学ぶのは大変なことです。

そこには「ゼロから学ぶ」という学習能力を鍛える場がたくさんありました。これが、九州から大阪に異動となれば、多分、最初の半分くらいの学習でできるようになるでしょう。その次の赴任地である札幌に行けば、北海道市場の特徴さえ理解すれば、大体のことはわかるようになります。

つまり、ある程度は**専門的能力と新しく学ぼうとする学習能力は反比例の関係**でもあるのです。

私の場合、営業の次は財務部でした。しかも外国為替という、食品メーカーとしては相当特殊な世界です。たくさんいる従業員の中でも、そんなことを毎日仕事としてやっているのはたった一人しかいないのですから、基本的に九州で学習したことのほとんどは役に立ちません。せいぜい自分の会社の人事制度を少し理解できていた、程度です。ですから、また一から外国為替の仕組み、法律、銀行取引のやり方、為替市場情報の見方、わが社の輸出・輸入状況……などを学習せねばなりません。おのずと学習能力が鍛えられました。

次に経営コンサルタントの会社に移りました。MBAを持っていたわけでもなく、情報収集・分析などのスキル、洞察力・思考力の醸成など、毎日が未知との戦いでした。ここでもゼロからの学習能力が鍛えられました。その次の、投資や企業経営でも似たようなことがありました。

◉30年後、入った時と同じ形態の会社にいる確率はほとんどない

皆さんに「同じキャリアを歩みましょう」と言うつもりはまったくありません。が、大切なのはゼロから短期間に学習する能力が非常に重要になってきているということです。

なぜ、学習能力が重要になっているのか？

今の20代、30代の人が、**最後まで同じ仕事、同じ名前の会社で勤め上げる確率は非常に低くなってきている**からです。

自身が転職する確率、その会社が新しく他の会社を買収しそこへ派遣される確率、その

会社がどこかに買収され今までと違うやり方に変わる確率、その会社が今までとはまったく違う分野の仕事を始めそれを任される確率、その会社にとっての新市場（途上国など）に派遣される確率などを合計すれば、その人の今後の30年を考えた時には、限りなく100％に近くなると思うからです。

つまり、**過去の「ある会社固有の経験」があまり役に立たない場面に遭遇する確率のほうが圧倒的に高い**と言えるからです。

若い時に「学習能力」を磨いておかないと、経営幹部クラスになってから新しい分野の仕事を任された場合に苦労をしがちです（中高年の大企業出身者が労働市場であまり人気がないのはこの点に大きな問題があるからです）。新しい会社に派遣されても、ゼロからその会社や業種のことを学習するというよりは、「うちのやり方と違う」「この会社の人事制度はなってない」などと、長年自分がいた会社の制度との違いにしか目がいかなくなってしまい、煙たがられるのがオチです。

学習能力を鍛えるには、断捨離、つまり積極的に過去を捨てることが一番重要になります。今までの知識や経験がほとんど役に立たない場へ、自らを放り込むことが一番の学習能力向上につながるのです。

キャリアの断捨離は、どうやればできるのでしょうか？　それぞれ立場や仕事によっても違うでしょう。今までの経験があまり役に立ちそうもない仕事に転職するというのが一番鍛えられる方法です。が、一般的には難しいでしょう。

社内異動のときでも、経験が役に立ちそうもない職場を希望するという手があります。営業から財務へ、開発から営業へなどもあります。都会の営業しか経験がないのであれば、思い切って田舎を希望するとか、誰も希望しないような子会社を希望するなど、手段はいろいろあるでしょう。海外子会社の場合は、欧米などのように出来上がった仕組みの中でやれる子会社よりも、わけのわからないような状態に放り込まれる可能性がある途上国、あるいは自社の事業基盤が弱い国がいいでしょう。日本での経験が役に立ちそうもない国がお勧めです。出世ルートと違う？　それは今の出世ルートが20年後も続いているという前提でしょうが、そんなものは変わってしまいます。変わらないのは、個人の能力があるかないかによる評価です。

たとえ異動の少ない小さな会社や業務でも、あえて慣れた担当を変えてもらうとか、会社の新事業やプロジェクト参加に立候補するなど、鍛え方はたくさんあるでしょう。

思い込みを捨て、どんなことも論理的に説明する

▼数字で考える力を高める

新しい考え方、論理的アプローチを拒むものの多くが、既存の常識と思われていること、誰に聞いても共通に出てくる答えの中に存在する場合が多いです。こういう考え方を捨てないと、アプローチは実現しません。

◉どんなことでも論理的に解明する

たとえば「取引先との関係で一番大事なのは人間関係」「長年の閉じた業界なので営業は人間関係で決まる」という、一見、もっとも説明しづらい非科学的な分野でも、取引構造を解明することはできます。

ラベル業界への参入戦略プロジェクトを行なった時のことです。ラベル業界は、ラベルに使う原紙をバルクで生産する企業、その原紙を顧客向けに加工・印刷しておさめる印刷会社、専門のラベル印刷会社などで構成されていました。もちろん、その先には最終ユーザーとしての消費財企業、薬品企業、化学企業などがあります。

ここでいう参入とは、原紙ビジネスに参入し、全国に散在する印刷会社やラベル印刷会社に販売しようというものでした。ですので、直接の顧客としてはこの印刷会社やラベル印刷会社がターゲットとなります。ところが、この業界は全国に1500社あまりの中小企業から成り立っており、コアになる大企業がなく、矢野経済研究所や富士経済といった市場調査会社からの「調査対象業界」にもなっていませんでしたから、市場規模をはじめ、市場のことがほとんど把握できない状態でした。

そこで、業界の関係者や原紙を供給している大企業などにインタビューを試みました。するとほとんど全員が「この業界は、昔からの人間関係で決まっている。人対人のこともあれば、会社対会社という意味もある」ということでした。営業経験を持っていた私は、我が意を得たりと報告しました。「どこの原紙メーカから供給してもらうかは、会社対会社の長い歴史や、人間関係で決まっている」と書いたのです。

そんな私の報告を聞いて、当時のマネージャーは「商売が人間関係だけで決まることはあり得ません。人間関係の意味を、分析・解明してください」と言ったのです。「業界の人たちの言葉をそのまま間に受けてはいけません。そういう考え方はすべて捨ててください。どんな関係も論理的に説明できると信じてやってください」と。

一瞬、途方にくれましたが、今までの経験や考え方を全部捨てないと、顧客に対して新しい価値を提供できないのは確かです。そこから思い切った行動に出ました。

1500社余りある全国のラベルに関する印刷会社名簿を入手し、九州でも東北でも片っぱしから電話をしました。もちろん、ほとんどすぐに電話を切られます。ですが、たまに、暇なのか、東京からのインタビューの電話が珍しいのか、少しでも話してくれる人がいました。そこで必死に生の声をインタビューしました。

「ああ、そりゃあ長年の人間関係だよ」と言われると、臆面もなく「そうですか。で、その人間関係って一体なんですか？」と聞くのです。自分は営業出身で、人間関係形成力は他の人より上だと自負を持っていましたが、すべてを捨てて聞きました。「人間関係って言うのは、そりゃ人間関係さ」と答えます。私は「なるほど、そうですか、そんなに大切なんですか。たとえば、現在納入価格が100円のもので、他社がより安い価格を出してきたらどうしますか？」と聞くと「ちょっとくらい安値出されたって、変えるつもりはないよ。長年の信頼関係が大切だからね」と答えます。「じゃあ、他社が70円で同じものを言ってきたらどうしますか？」と聞くと「70円!?　そんな値段になるはずないだろう。でも、もし本当に同じものがそうなら、そりゃあ変えることもあるわな」と答えます。

次にまた電話し、何パーセントの値下げなら変えることがあり得るかを聞いていきます。

もちろん、ほとんど断られますが。

結局、電話する10〜15件に1件くらいの割合で、インタビューとして話せました。特に地方の経営者は比較的気持ちよく電話で話してくれました。つまり３００件電話すれば、20〜30社と話せます。５００件電話すれば、50社近くになります。そしてその頃には、膨大なデータができ上がっていたのです。

多種多様なラベル別に、どの程度の価格差ならシフトすることがあり得るか。「いざというときのための関係」とは具体的に何か。潰れそうな時に助けることとか、商品供給がタイトになった時に優先して回してくれることとか、なぜそう思うようになったのか、などが次々と解明されていきました。

ラベルによっても当然異なります。機能性重視のものは、価格よりも性能重視ですが、より一般的な普及タイプのものは価格で仕入れ先を変えることもあり得ると。それらをすべて、製品別、地域別に、機能格差がどのくらいあるか、価格差が何パーセントまでなら、何パーセントの顧客が仕入れ先を変更する可能性があるかの分析表ができたのです。

私は最終的にこの分析と、ラベル業界の今後の方向性についての仮説を持って、最後の狙いである「業界幹部」にインタビューに訪れました。そして、私が一通りの説明をすると業界団体の会長さんは大変驚き「どこでこんな資料を手に入れたのですか？」と聞かれました。すべて自分で調査して作ったというと、「あなたはとても若いですが、一体ラベル業界に何年お勤めですか？　3年や5年じゃないでしょう？　うちの業界のことこんなに知っている人と会ったことがありません」と、今後の業界の進化の方向についても大いに議論してくださいました。

当時、私の年齢は、多分その会長さんの半分以下でしたし、この業界を調査してわずか3ヵ月しか経っていませんでした。最後は「で、うちの業界は今後どういう方向で生き残ればいいと思いますか？」なんて質問までされました。

当然のことのように我々のクライアントは、顧客も今までまったく解明できなかった業界構造が明確にわかり、それを基に本格参入をし、その後成功を収めました。

自分は営業が得意だという思い込み、大手の供給者サイドへのインタビューの結論から来る「人間関係」などに頼っていたら絶対にこんな結果は出せなかったと思います。その思い込みを全部断捨離して、初めて新しい価値を作ることができたのです。

ムダをそぎ落とさなければ、伝わらない

▼プレゼンテーション力を高める

ビジネスパーソンにとって、「プレゼンテーション・スキル」は今や磨かなければならない能力のひとつでしょう。

「プレゼンテーション」は、経営コンサルタントのもっとも重要な仕事のひとつと言っても過言ではありません。分析力も洞察力も論理思考力ももちろんすべて大事ですが、最終的に顧客に「よしわかった。これでいこう！」と実行の決断をしてもらうには、それまでのコンサルティングワークの集大成を顧客に理解してもらい、顧客の腹に落としてもらわなければなりません。そのための場が、プレゼンテーションなのです。

そして多くの若手コンサルタントが困難に直面し、悩みまくるのがこのプレゼン向けのパッケージ（プレゼンテーション資料）作成なのです。私も駆け出しコンサルタントの頃は、このプレゼン準備に随分と悩まされたものです。

一般的に、コンサルタントはチームを作ってプロジェクトの遂行に当たります。若手コンサルタントは主にデータの収集や分析に当たり、中堅コンサルタントがいくつかに分け

られたパートのうちのひとつか二つをまとめ、マネージャーがそれを全体のパッケージにまとめ上げます。最終的に対顧客最終責任者であるパートナーと内容を決定していきます。

◉「分析」は目的ではなく、手段

若手コンサルタントは、膨大な量の資料を分析します。顧客企業の社内分析や業界分析、さらには競合、あるいはまったく異なる業界の分析などもやります。これらの分析とは、単に統計データの分析のみならず、インタビューの分析なども含まれます。その数、1〜2週間で100枚以上のスライドになることも珍しくはありません。特に理科系出身の若手コンサルタントの中には、目を見張るほどの優れた分析をする人も少なくはありません。ですが、これらの優れた分析も、中堅コンサルタントから「で、これは何が言いたいの?」「メッセージはなんですか?」と突っ込まれ、あえなく撃退されることがほとんどです。

その中堅コンサルタントも、マネージャーとのミーティング（プロジェクトの進捗を確認するミーティング）では、せっかく作った資料がばっさり捨てられます。そして、パートナーとのミーティングでさらに捨てられてしまいます。

当然、それまでがんばってきたコンサルタントらからは、不満の声が上がることもあります。「徹夜で作り上げた資料は全部不採用になった」「これだけのインタビューを取るのに、全国どれだけ走り回ったのか、わかってるのか！」、さらには「パートナーは、ちょこっとケースミーティングに出るだけで、なぜ、せっかく作ったものが役に立たないと言えるんだ？」などの思いを持つことが少なくないのです。

こうした違いはなぜ生まれるのでしょうか？　上司のほうが優秀だから？　そうかもしれませんが、より時間を使っているのは現場のコンサルタントです。中身については、現場のコンサルタントのほうが熟知しているのは間違いないでしょう。

答えは、視点の違いです。もっと言えば、視座の違いとも言えます。視点というのは「どこを見ているか」ですが、視座というのは「**どこに座って見ているのか**」です。

毎日、徹夜に近い状態で分析作業をやってきたコンサルタントにとっては、彼らが作り上げたスライドに魂のすべてがこもっています。たった1枚のスライドでも、それを作り上げるまでの過程が詰まっているのです。データの収集が大変だった、インタビューを取るのが非常に難しかった、など。もちろん、自分の作ったスライドで顧客企業の経営トップに「なるほど」と言ってもらいたいという、コンサルタントとしての自然な気持ちもあります。そしてそれらすべてによって、知らず知らずのうちに彼らは**「供給者の論理」**に

立ってしまっているのです。供給者の論理とは、作った側の論理です。平たく言えば、作った人の都合です。

◉結局、最後に何を言いたいのか?

パートナーの視座は違います。パートナーは二つの点を意識して全体を見ます。ひとつは顧客側からの視座で見るのです。顧客にとっては、「一生懸命がんばった分析」かどうかはどうでもいいことで、**出てきた分析やメッセージに「なるほど!」と腹に落ちるものがあるかどうかが重要**なのです。あるいは、自分たちだけではどうしても得られなかったデータやインタビューが大切なのです。そういう目で見ると、実は相当の分析資料は削ぎ落とされます。

パートナーが意識するもうひとつは、ストーリーです。そして最終的に我々としては何が言いたいのか、顧客には何を実現してほしいのか? を明確にすることです。コンサルタントはこれを「メッセージ」と言いますが、**要は「結局、最後に何を言いたいのか?」がすべて**なのです。顧客企業はその道のプロですし、長年優秀な社員らとともに成功を収めてきた企業が多いのです。そういう企業に対して、外部コンサルタントの提言を受け入れ実行に移してもらうには、本当に腹に落としてもらわねばなりません。相手の胸に突き刺さるメッセージにするには、言いたいことを研ぎ澄まさなければなりません。

研ぎ澄ますというのは読んで字のごとく、研いで研いで研ぎまくるのです。そのためには、ストーリーがシンプルでなければなりません。あれもこれも言ったところで、結局は「よい勉強させていただきました」で終わってしまいます。

研ぐというのは文字通り、たくさんのものから、よりよいものだけを選び抜くということです。そしてそれは、単体としてのスライドや分析が素晴らしいかどうかではなく、メッセージを伝えるのに強力なパワーを持っているかどうかだけで判断されるのです。ですから、場合によっては滅多に見られないような素晴らしい分析をしているスライドであっても、落としたほうがいい場合があるのです。また、意味ある強いメッセージを伝えるには、短い言葉、スライドのほうがいいという場合が多いのです。

ですので、最終プレゼン直前となると、パートナーは顧客視点で意味の小さいもの、ストーリーを強力にバックアップできないスライドをどんどん削ぎ落とします。文章も、より簡潔に、よりシンプルに書き換えられます。最終的に、非常に短いパッケージになってしまうことも少なくはありません。プレゼンの場が「私たちはこの3ヵ月間、こんなに大変な仕事をしたんですよ」と伝えるのが重要なのであれば、長いパッケージでも構わないでしょうが、そうではなくすべては顧客の理解のためです。その場合は、研ぎ澄まされて、凝縮された言葉のほうが経営者にはすんなり入ることが多いのです。

結果として、若手コンサルタントが作ったたくさんの分析やチャートのほとんどが最終プレゼンにまで生き残ることはありません。数百枚も作って、1枚あるかどうかという場合もあります。ですが、もちろんそれらはムダではありません。それらの仕事をベースにして、伝えるべきメッセージが明確になるのですから。

私は、捨てられる側と捨てる側の両方を経験しましたが、捨てられるほうはたまったものではありません。「これ1枚作るために、どれだけ大変だったのかわかってるのか!」と思ったこともありますが、捨てる側になったら「すべては、顧客へのメッセージのために」という判断基準があるので、ぶれることはありませんでした(その中でも、「作ったスタッフは大変だったんだろうな」との気持ちはいつも持っていました)。

仕事上で断捨離を行なう場合に大切なことは、**「何のための仕事か?」「誰のための価値か?」を明確にすること**です。でないと、必ず供給者の論理に負けてしまいます。研ぎ澄まされたプレゼンの裏には、数多の断捨離された資料があるのです。

断捨離が苦手なビジネスパーソンのタイプ

断捨離は、溢れかえった余分なモノを捨てることから始まります。その経験から、余計なものが入って来るのを断つ。最終的にはモノへの執着心から離れ、自在な空間を得る、という考え、手法です。

企業における断捨離も、捨てることから始まると言えるでしょう。「今は儲かってないけど、以前は当社の基幹事業であった伝統ある部門」「今は赤字だけど、今後景気回復して好景気になれば少なくともトントンには持っていける、という事業」「○○専務が課長時代に始めたから、止めるなんて誰も言えない事業」など、捨てられない、止められない理由はいくらでもあるでしょう。

では、ビジネスパーソンとして断捨離が苦手なタイプはどんな人でしょうか？（ここでは、仕事関係についてのみ言及するだけで、決して個人のプライベートな生活にまで立ち入るわけではありません。プライベートで「たくさんの趣味を持って」「たくさんの友人に囲まれて」いるのが好き、という方は、もちろんそれでいいと思います。ここで書かれている「個人」とは、仕事上の個人という意味です）。

ある程度の年齢になると、断捨離が苦手なタイプが実は「業種によって偏りがち」だということがわかってきます。それは、その業種の影響であることは間違いなく、生まれつきそうであったわけでは、決してないのです。

◉断捨離下手の代表はお役所

もっとも苦手なタイプの代表が、官僚あるいは役人と呼ばれる人たちでしょう。

仕事をする上で、断捨離が有効、あるいは求められるのには、もちろん理由があります。限られた部屋を有効に気持ちよく過ごすための断捨離と同じように、限られた経営資源を有効に使うという制約があることが前提です。また、限られた資源で競争相手に勝つには、ターゲットを明確に意識した商品、サービスの提供が必要になってきます。

しかし、官僚は一般的には、日本人全員を対象に考え、すべての人々に平等な施策を考えざるを得ません。ですから、ターゲットを絞り込むとか、一部の人たちにメリットを与えるような施策よりは、全国一律のサービスを考えてしまいます。

経営資源についても、国全体では当然限りがあるのは明白ですが、各省庁の官僚にしてみれば、「予算を獲得できるかできないか」だけの話で、全体の資源に対する意識は薄くなります。また、一度予算を獲得してしまえば「収益を上げているかどうか」のチェックもありませんから、止める理由もないのです。

最近では、「事業仕分け」なる手法で、省庁の無駄を削減しようという動きがありますが、いつも仕分けを阻止しようとするのは「官僚」です。それは当然でしょう。官僚にとっての予算獲得は、民間企業の売上獲得と同じようなものです。とにかく予算を獲得して、その監督下の事業を増大させることを使命としているのですから、それを削るというのは、彼らの仕事そのものを否定するということになるのです。もともと、「予算を獲得して事業を拡大する」という動機が「効果の薄い施策は、自ら予算を削ってでも、止めよう」という考えより圧倒的に強いので、事業仕分けに反発するのは当然です。

ただ、悲しいかな、多くの国民はその官僚の考え方がおかしいと思っているのです。残念ながら官僚の思考回路は民意に沿っているとは言えません。

◉「護送船団」業界には断捨離思考がない

私の経験上、次に断捨離的発想に乏しいのは、銀行員を始めとする金融関係の人たちでしょう。特に金融ビッグバン以前の銀行員は、ある意味、官僚以上だったかもしれません。

商品開発にしても店舗開発にしても、「顧客像」を考えるという習慣がまるでなかったのです。

ある大手金融関係の会社の方々と、新商品開発について話したことがあります。「この商品のメインターゲットは誰ですか？」と聞くと、「日本人全員です」と真顔で言われました。あるいは、「他社との競争上で、狙うべき顧客はどこが違うのですか？」と聞くと「他社のことはわかりませんが、わが社はすべての方々が顧客です」と言いました。広報部が、公式の場で聞かれてこう答えるならわかりますが、相手は事業戦略を担当するピカピカのエリートです。

さらに話を進めると逆にこんなことを言われました。

「先ほどから、どうしてお客様を区切ったり、区別したりする質問ばかりされるのですか？　わが社にとっては、お金持ちもお金のない人も皆等しくお客様なんです。お金持ちだけを優遇するとか、特別なカードを持っている人たちだけのサービスをするなんて、わが社では考えられません」

もちろん、こうした考え方を頭から否定するわけではありませんが、それが本質的なその会社のポリシーであったかどうかは、その後を見れば明らかです。ビッグバン以降、自由化が進み、プライベートバンキングと称してお金持ち優遇策を打ち出したり、特別なカードを発行して顧客の囲い込みをしています。これらは、裏を返せば「一般客の切り捨て」に近い行為です（お金持ちには手数料を免除する一方、一般客からは手数料を徴収するなど）。

私はこれを否定しているのではありません。民間企業がビジネスを展開する上では、顧客の選別、言い方が悪ければ、ターゲット顧客のセグメンテーションをするのは当然のことです。すでに触れたように、「すべてのお客様に喜んでいただける商品」とは、収益性を無視すればできるかもしれませんが、一般的には相当つまらない商品になるでしょう。たとえば、大口定期預金は、大口だからこそコストが効率的になって、その分金利を上乗せすることができるのです。「それは小口客への差別か？　貧乏人は低金利でよいというのか！」などの声に応えて、小口でも同じ金利を適用していては、競合他社よりも低い金利で提供せざるを得ない（魅力的でない商品）か、小口のコストがかさんで儲からなくなる（赤字事業）かの、どちらかです。大口顧客を念頭に置いて商品企画をするということは、その時点で小口客は断捨離されているのです。

ビッグバン後、金融関係の方々も変わってきてはいますが、一般的に、長年手厚い行政の保護の下でやってきた人たちは断捨離が苦手と言えるでしょう。

20代、30代で捨てること

▼大切なものを得るためのキャリアの考え方1

ビジネスパーソンがキャリアを形成する時間は限られています。もちろん、人生そのものは、いつまでも大いに楽しんでほしいと思いますが、多くのビジネスパーソンにとっては、

20代、30代＝「力をつける時期」
40代、50代＝「その力を実践し、社会に貢献する時期」
60代以降＝「仕事は後輩に引き継ぎ、プライベートライフの比重をぐっと上げる時期」

と大まかに分けられると思います。当然個人差はありますし、これが私のお勧めです、というのではありません。また、若くしてベンチャー企業を立ち上げて成功した人もいることでしょうから、あくまでも一般的な分け方、と捉えてください。私はこれらすべてを語れるほどの年齢ではありませんし、経験もありません。ですが、周囲には優れたビジネスパーソンがたくさんいることもあり、年代ごとの大切な時間の過ごしについての考え方は申し上げられると思います。ここでは大まかに、「力をつける時期」と「その力を実践

し、社会に貢献する時期」に分けて考えてみます。

◉私が「捨てた」こと、「選んだ」こと

私自身のことを思い返してみると、「なんでもちょっと早過ぎた」かもしれません。後悔はまったくしていませんが、人生のキャリアアップは早ければいいというものではない、という例で申し上げられるでしょう。

20代の終わりに、大企業からアメリカ系の経営コンサルティング会社、ボストン・コンサルティング・グループに転職しました。今のコンサルティング会社志望者にとっては考えられないでしょうが、当時は従業員数が50人にも満たず、ほとんどの人（あえて、99％の人と言えるでしょう）が社名も仕事内容も知らなかった時代ですから、その転職は「捨てざるを得ないこと」ばかりでした。

まずは、所属する会社の社会的認識・認知度・知名度を捨てます。具体的には、アパートをまともに借りられない、クレジットカードも断られる、子供の学校の先生からは訝しがられるなど、当時コンサルティング業界に転職した人の多くは、何らかの不利益は経験したことでしょう。

さらには、家族、両親、親戚、友人、恩師らの抱いていた安心感、期待感を捨て、また

実際上も将来への安定や道筋を捨て、さらには「日本企業へ戻る」という道も捨てて、飛び込んだのです。

「捨てざるを得ないこと」は思った以上にありましたが、入ってみると、それ以上に「得ること」がたくさんありました。

まず、「こんなに頭のいい人がたくさんいる世界があるのか！」という驚きがありました。「頭がいい」とは、学歴とかではなく、「考える力を持っている」という意味です。話すだけで、こんなに自分の頭が整理される人には会ったことがありませんでした。

また、年齢や入社年度に関係なく、フランクに誰とでも自由にディスカッションできる環境に感銘を受けました。前の会社も、非常に自由な雰囲気でしたし、そもそも私は上下関係をさほど気にせず話すほうでしたが、「クライアントに貢献するために、上も下もない発言をする」カルチャーを知ったことは、その後の自分自身の会社経営にも役立ちました。

その後は、日本で最初のＰＥ（プライベート・エクイティ）ビジネスを始め、肩書きだけは30代前半で代表取締役となりました。さらには、40代前半でコンサルティング会社のパートナーになり、40代後半で大学院の教授にもなりました。振り返って見ると、いろいろやったようで、少し駆け足過ぎたかなという気がしますが、その分、他の方々よりいろんな世界が見られたというのも事実です。これらの経験を踏まえて、キャリアについて考えてみたいと思います。

◉20代ではどんな仕事にも貪欲に取り組んで、自分の世界・経験を広げる

20代、30代は、自分の強みが何なのかを見極める時期です。見極めるといっても、よほど大学時代に強い気持ちがあったとか、抜きんでた能力がある（プロスポーツ選手とか）、あるいは資格仕事（弁護士や医者）でもない限り、自分の強みは簡単にはわかりません。あるいは、わかったつもりでいても、本当にそうかなんてほとんどの人にはわかっていないでしょう。

ですから、特に20代は何事も貪欲にトライする時期と言えるでしょう。「自分はマーケティングがやりたいから」とか「技術者はやはり研究室にいて」などという先入観、既成概念を捨てて、自分の可能性を狭めずに仕事や興味の範囲を広げて欲しいと思います。

コンサルティング会社にいた時、リクルーティング・パーティに来た有名大学の学生に質問されたことがあります。「経営コンサルタントになるには、新卒で直接入社したほうが有利なのか、一般企業に入って海外でＭＢＡを取ってから入ったほうが有利なのか、教

えてください」と。「どういう意味ですか?」と聞くと「どちらが入りやすいか、あるいは、どちらが成功しやすいですか、という意味です」と彼は答えました。

私の答えは「そんなことを考えているのなら、コンサルタントには向いていません。学生のうちから近道を考えるような人は、この世界では生きていけません。大学の名前を重宝してくれる、普通の有名大企業で出世を目指すのが、あなたのためです」と言いました。

若い時には「効率的な経験」など存在しません。旧国鉄時代のエリートや、旧大蔵省の若き税務署長育成コースならともかく、まともな民間ビジネスの世界では、これさえやればOKなどというルートはありません。

20代では、先入観を「捨て」、近道探しを「捨て」、とにかく将来役に立とうが立つまいが(役に立たない経験などないのですが)、目の前の仕事、不慣れな仕事、一見自分の希望とは離れている仕事を積極的にやって、できるだけ自分の世界、経験を広げてください。

この時に一番意識すべきは「現場」です。現場とは、何かが起こっているその場所です。たとえば、本社の経営企画室では何も起きていません。モノが作られているのは工場、売っているのは営業、他にもたくさんの現場があります。20代で現場感を身につけておかないと、将来、とんだ苦労を背負いこみます。40~50代の幹部クラスになったときに一番辛い人物批判は「あいつは現場感がない」です。

◉30代では今後も興味を持ってやりたいことを選ぶ

そして30代では、その中から自分の経験、意思、希望、実力などから「得意分野、得意技」を絞り込むことが大切になります。20代で経験した多くの分野をすべて自分の強みにはできません。まさにここでは断捨離が必要です。**自分の強みを選ぶということは、他の何かを捨てる**ということになります。

私自身でいえば、営業は楽しかったし、財務は奥が深いし、海外勤務も経験したいし、コンサルティングという世界にも興味がありました。でも、**全部はできないのです**。ここは、捨てるしかありません。ただし、捨てたからと言ってムダになったのではありません。幅広い経験や知見が、その後のビジネスパーソンとして大いに役に立つのです。

「捨てる」と「選ぶ」は表裏一体です。

何を捨て、何を選ぶのか？　自分の興味（好きな分野）と上司や世間の評価とは必ずしも一致しません。何を基準にするかは、自分で考え抜くしかありませんが、最後はやはり自分の興味でしょう。幅広く何事にもトライし、経験した上での選択基準は「他人軸」、すなわち他人からの評価ではなく、**「自分軸」で、つまり自分が今後も興味を持ってやりたいことを選ぶ**のです。他人軸（あなたはこの分野に向いていると言われたとか、高評価だから、などで決める）では、長いビジネスパーソンとしての人生、困難に立ち向かうモチベーションの維持が難しくなります。自分軸であれば、「好きこそものの上手なれ」と言われるように、粘り強いチャレンジ精神を継続できるのです。

その時点の実力や評価など、今後のキャリア形成の時間を考えたら、大した基準とはなりません。現実に、当時は高い評価を得ていたとは言い難い同僚の中から、その後成功し、立派な経営者になっている人はたくさんいます。20代、30代の時の評価など「あの時は、そうだったね」程度の話と考えてください。

もうひとつ30代で大切なのは、「自分の仕事の意味合いを理解する」ことです。20代のように目の前の仕事に没頭するだけでなく、目の前の仕事は全体の中ではどういう位置づけなのか？　最終的に顧客の価値にどうつながっているのか、を理解することが大切です。

こうして「力をつける時期」には、20代では先入観、既成概念を捨て、近道探しを捨て、可能性を広げます。その上で、何を「得意分野、得意技」にするのかを30代で絞り込むのです。ひとつ決めたら、それ以外は捨ててください。

40代、50代で捨てること
▼大切なものを得るためのキャリアの考え方2

20代で力をつけ、30代で得意分野を絞り込んだら、その後、自分の強みを実践で生かして、成果を出すべき時がやってきます。それが40代、50代です。会社も顧客も、この年代に期待するのは「素質や伸びしろ」ではなく、「今の力、結果を出せる能力」です。

この年代になると、管理職や経営幹部という立場が多いでしょう。ここで一番捨てなくてはならないのは「私」です。よくいうところの「無私」です。

40代になるまでに、もうビジネスパーソンとしての鍛錬や心構えはもちろん、スキルは備えているはずですし、それを期待されています。ですが、上に行けば行くほど、自分を律する必要性が出ます。

ここでいう「私」とは、プライベートや私利私欲だけではありません。会社内でも、たとえば、営業出身の専務は、経営全般と言いながらも、やはり営業が気になります。研究所出身の副社長は、「わが社の生命線は研究開発にあり」という信念を持っています。

ただ一人、社長だけは違います。本気で「会社として、何をどう決断すべきか」を考えねばなりません。それには「無私」が必要になってきます。自分の出身分野や得意分野は関係ありません。実際、ある大手IT企業の社長は、技術志向（というより、技術者中心主義）であった会社を、自分も技術者であったにもかかわらず、社長になる前から「これからは営業中心の会社になる！」と反発覚悟で宣言し、営業を核とする企業風土に移行させました。彼にとっては、自分のバックグラウンドよりも、「市場で勝つには何が一番重要なのか」が、最大の関心事だったのです。

「自分は社長にはならないから」と言っても、同じことです。どんなポジションになっても、自分の出身分野、得意分野と他の部門をいかに先入観なく扱えるかが重要になってきます。

◉「プロ意識」があれば、私情は捨てられる

ではどうやって「私」を捨てるのか？　簡単なことではありませんが、伊藤忠商事の改革を進めた元社長、丹羽宇一郎氏の例にもあるように、強烈な「使命感」「プロ意識」を持つことが挙げられるでしょう。

私自身の小さな例では、以前会社経営をしていた時のことがあります。小さいながらも

メーカーでしたので、新しく工場を作るとか店舗を出すという機会がありました。当然、建築業者さんともおつき合いが発生します。業者選定にあたっては、当然のことながらコストと品質しか考えずにいました。ある時、依頼を決めた業者から、なんとなく「付け届け」や、「夜の接待」のような話をもらいました。私は担当役員に「今の見積もりは甘すぎる。そんな金があるなら、値引きに回せ！」と伝え、実際に引いてもらいました。当社の担当役員はその業者に「今回は値引きで済んだけど、またそんなこと言ったら、取引停止にされるよ。うちの社長はそういうの絶対に許さないから」と伝えたそうです。

上が「無私」の姿勢を出せば、部下は理解します。当時の私にとっては、その会社の価値を上げるという「使命感」や会社の価値向上こそが私の仕事だという「プロ意識」を強く持っていましたから、判断に私情が入ることはまったくなかったと思います。

●手柄は捨てて、部下に渡せ

この年代で、もうひとつ捨てなくてはならないもの、それは「手柄」です。上司や顧客を含む他人からの高い評価は嬉しいものです。ですが、部下やプロジェクトに携わった関係者にいかに「渡す」かが大切です。

リーダーシップとは、自分が頑張って作り上げる物ではありません。仲間や部下がついて行きたいと思うかどうかです。

時々「私の社長室は、常にドアをオープンにして、誰でも入れるようにしています」といった話を聞きます。実際にそれをやった社長がいるのですが、なぜか部下はほとんど誰も来ません。その社長は「どうしてもっと積極的に私の所に来ないのかな？」と思案していました。原因は、簡単です。「社長の所に行っても、自分の仕事のプラスにならない」と部下が思っているからなのです。仕事を進める上でのよいヒントをくれる、適任者を紹介してくれる、予算配分の相談に乗ってくれる、などの実利を伴う結果がないところへは、誰も行きません。要は、部下が自然と相談したくなる人物であるかどうかです。自分が単に「最近の若い人たちの考えを聞きたい」程度の興味では、誰も来ません。

「手柄」はモチベーションアップには非常に重要なポイントです。これを一人占めしたがる上司と、なるべく皆に分けようとする上司とでは、部下のモチベーションに歴然とした差が出てきます。部下を持った上司は「自分が命令できる部下を持った」と考えるのではなく「自分を評価する部下を持った」と考えないと、部下はついてきません。「手柄を渡す」「誉める」は、お金のかからないもっとも有力な動機づけとなるのです。

「トイレその後で」などのユニークなネーミングで有名な小林製薬の小林一雅会長は、

「ホメホメメール」なる「とにかく社員を誉めたてよう！」というメールを会長自らどんどん発信して、社内中に誉め合う文化を醸成し、社員のやる気を引き出してきました。

◉20代、30代の働き方が、40代以降の「選べる人生」につながる

さらに言えば、40代、50代は「キャリアとプライベートライフのバランスを考えられる時期」でもあります。会社や顧客が自分を選ぶだけではなく、自分自身も、ライフスタイルを選べる時期なのです。キャリアをさらにアップさせるのか、それとも生活のための仕事と割り切って、プライベートライフに重点を置くのか？

もちろん、ちょうどよいワークライフバランスを実現するのがベストですが、今の日本では、それを主張しても現実的にはまだ難しさもあります。

この選択は、もちろん20代の時も可能ですが、正直に言えば、20代で「プライベート重視」を選択した場合、その後のキャリアアップは難しいでしょう。これは私の主張ではなく、現実的な環境がそうであるということです。ですが40代以降は、今までの努力と引き換えに、自分自身で決めることができるのです。つまり、20代、30代の時に仕事に没頭し、自分の強みを磨くことによって、40代以降の「選べる人生」につながるのです。

人生における断捨離

人生をどう生きるか？　などというのは、哲学者でも難しい問題であって、とてもじゃないですが、ここで私が何かを語れることではないと思います。ですが、それに対してどのように臨むか、考えていったほうがいいのかについて、ここで考えてみましょう。

人にはいろんな生き方があり、その目指すべき姿や目標も違うでしょう。「仕事をバリバリやって、ビジネスで成功したい」と思う人もいれば、「田舎暮らしをしてみたい」という人もいるでしょう。そういう目標を考える時、あるいは何かの決断の岐路に立った時に考えたいのが、「軸」が他人にあるのか、自分にあるのか、です。断捨離して欲しいのは「他人軸」です。そして重視すべきは「自分軸」、ある意味「自己満足」です。

◉日本には「自己満足」で選択できる自由がある

以前の日本には、国全体が「豊かになりたい」という共通の目標がありました。その大きなベクトルの中で、個人もいろんな職業を通じてそのベクトルに乗っかるのが一般的でしたし、実際にそれによって目標達成が可能だったのです。なぜなら、がんばれば今日より明日のほうが良くなったし、社会全体が選択の余地がないほど貧しかったからです。

それに対して、現在の日本はまったく異なります。今の日本の特徴は、物質的には豊かだけど国民経済全体としての成長はほとんどない、という状態です。

「豊かなんかじゃない」という人もいるかもしれませんが、途上国へ一歩踏み出してみれば、いかに日本が充実した先進国であるかが良くわかります。日本にいては実感はないかもしれませんが、多くのアジアの人々にとっての現在の日本は、70年代、80年代に多くの日本人が憧れた欧州という存在にかなり近いものであると感じます。当時も、多くの欧州の国々では「失業率が高い」「経済成長が止まった」など、暗黒の時代のように叫んでいる現地の学者はいましたが、東洋の小国から来た人間にとっては、とても豊かで眩しい存在でした。人々も、質素ながらも心豊かに生活しているように見えました。

今の日本はまさに同じ状態だと思います。モンゴルから戻って、成田空港に降り立った途端に「おお、先進国だ」と思わずにはいられません。

多くの課題を抱えていることは承知していますが、地球上にある200もの国々の中でトップクラスに豊かな国であることは間違いありません。この豊かさを実感できるひとつの結果が、価値観の多様性を持てる自由にあると思います。金銭的、物質的豊かさ以外の価値についても語れるようになったのです。

◉「他人と比べて」は意味がない

断捨離すべきもうひとつは、「成長すべき」という義務感にも似た期待値です。おそらく、40歳以上の人にとっては、「経済は成長するもの」あるいは「するべきもの」という意識がまだどこかに残っているかもしれませんが。それ以下の世代の人には、そんなことは「昔話」に過ぎません。それはまるで、我々の世代が、明治時代や戦前の話を聞いているような感覚でしょう。「国全体で自動的に毎年成長する仕組みなんかない」という前提で物事を考える時代に、とっくに入っているのです。

なので、人生の目標を考える際には、「貧しい今よりもっと豊かになる」とか「今日より明日のほうが経済的に成長する」などという前提は捨て去ったほうがいいでしょう。これらを前提にした時代の、多くのビジネスパーソンの目標は、社会的地位や年収の向上でありました。ですが、これらはすべて相対的なものです。「他人と比べて」という概念がどうしても入ってしまいます。つまり「他人軸」なのです。社会の評価、他人から見てどうか、世間的にはどうか、などです。

ですが、もう皆で同じベクトルに乗るという必要はないし、乗るべきベクトルも存在しないのです。成長はないけど豊かな社会を得た我々が得たものは、より自由な人生の選択権だと思います。人生の目標を達成したかどうか、その目標自体が適切かどうか、などの判断に「他人軸」は不要なのです。

◉目標設定は「他人軸」より「自分軸」

その代わりに大切になってくるのが「自分軸」や「自己満足」と言えるでしょう。ここで言う「自己満足」とは、自分だけ満足すれば他人はどうでもいいという、他人迷惑な自己満足ではなく、**他人の評価軸ではなく、自分で考え、自分で目標を設定し、自分で評価する**ということです。ですので、その評価は場合によっては、他人から見たら疑問符がつく場合もあるかもしれません。

今の私は、モンゴルという新興国に来て、割と好き勝手に暮らしています。日本にいた時よりも収入面では、大幅ダウンどころの話ではありませんし、日本社会から見れば、社会的地位もなきに等しいと思います。

「なんで、そんな変な国に行くんだ?」「どうして、今までの仕事やポジションを断ち切ってまで行くんだ?」「一度キャリアを断ち切ったら、戻る場所はないぞ」「年収はほとんどなきに等しいのに、なぜ?」という声も実際耳にしました。その通りだと思います。「他人軸」で考えたら、まったく無謀だということになります。ですが、私はまったく気になりませんでした。それは「自己満足」できるのはどの道か、と考えたからです。

新しいことをやるには、何かを捨てなければできないことがあります。同じ仕事を長く続けるのは、とても立派なことだと思います。ですが、同じ人生でいろんなビジネスシーン、多面的な文化を体験するのも、同じくらい大切で魅力的なことだと思っています。

どちらがいいとか悪いとかではありません。決めるのは、「他人軸」ではなく「自己満足」できるかどうかです。**どちらの道を選んでも、何かを捨てないといけません。**結果として、どんな道を歩んだか、という多様性は過去の日本にもたくさんありました。ですが、今の自由で豊かな日本で生きている我々には「予め選択できる自由」があるのです。

◉自己満足できる道を選択しているのか?

40歳を過ぎたら、一度は考えてみてください。「今、死んでも後悔ないのか?」そして、その判断の結果として、今の仕事、生き方を続けたい、という判断ができれば、それでいいでしょう。

「5年後に死ぬとしたら、今の自分がやってることに自分は満足しているのか?」も、もうひとつの問いです。与えられた時間が限られているとしたら、人はいろんなことを考えます。もちろん、深刻な病気でもない限り、空想であることは間違いありません。が、それでも本気で考えてみてください。幸せなことに、今の私たちには選択の自由があるのです。

本当に死ぬ時がいつ来るかは誰にもわかりません。その時には必ずや頭の中から「他人軸」は消えていることでしょう。「自己満足」できたかどうか、です。

具体的に「他人軸」を捨てるとは、どういうことか？　他人の目を気にしない、他人と相対評価をすることを捨てるということに他なりません。

たとえば、

- 仕事第一の人生を捨てる
- よい会社に入ると、よい生活が待っているという神話を捨てる
- 都会中心の生活がよいという認識を捨てる
- 幸せの価値基準を金銭にのみ求めることを捨てる

などがあります。これは日本が貧しかった頃には、口では言えても実行は難しかったことだと思います。

他人の目を気にしない、相対評価を捨てるにしても、仮に他人と競うのであれば、今までとはまったく違う分野や尺度で競い合うことが、新しい「自分軸」につながるのです。それによって得られるものは、たくさんあるでしょう。

- 自然と触れられる時間の長さを競う
- 家族と接する時間の長さで自慢する
- 定時に帰った回数でナンバー1になる
- 土の上を歩いた時間・距離を自慢する
- 花の名前、鳥の名前、魚の名前をたくさん知っていることを自慢する
- 内食比率の高いことを自慢する
- 仕事しながら、どれだけプライベートな自由時間を確保できるかで自慢する
- 子供にモノではなく思い出をどれだけ与えられるかで競う

などがあるでしょう。もちろん、社長になりたい、金持ちになりたいという、従来的価値観も目標としてまったく問題ありません。要は、自分にとって何が大切なことなのかを考え、選択するのです。

多くのビジネスパーソンは、すでにこういう価値観に気づいていると思います。

旧い世代には「まあ、そういうきれい事もいいけど、現実的にはね……」という旧い価値観で評価する人もいることでしょう。ですが、これは日本人が過去、汗を流して素晴らしい国を作り上げた成果、もっと言えば報酬か配当だと思っています。

「西欧諸国は血を流して民主主義を勝ち取ったから、民主主義の尊さを知っているが、日本人は与えられただけなので、その本質がわかっていない」という言い方を耳にしたことがありますが、私は「自己満足」で生きるという選択権は、戦後の日本人が汗を流して勝ち取ったものだと思います。

他のほとんどのアジアの国々には、まだこの選択権は一般の人にまではないと思います。「まずは、生きるために豊かになれ」「まずは去年よりは成長しろ」という世の中的要請があるからです。

「他人軸」を断捨離し、「自分軸」で目標や生き方を決める、ことがビジネスパーソンにも求められることだと思います。

おわりに

モンゴルに来て、ちょうど2年経ちました。同じアジアでも中国やベトナムのようにビジネス的に注目されることが少ないこの国で、「普通の発展途上の国」を内側から見てきました。

こういう国では、政治も経済も混沌としている部分が多いのですが、人々は常に未来に希望を抱いています。「こんなことを事業化できないだろうか？」「こういうアイデアはすでに日本にあるのでしょうか？」「お金さえあれば、絶対に成功してみせます！」など、前向きな声、威勢のいい声をいくつも耳にします。日本にもそんな時代があったんだな、と頭の隅で思い出されることもたくさんあります。

ですが、現実は、ないない尽しです。お金もない、技術もない、経験もない人たちが、とにかく未来だけを見つめて夢を実現しようとしています。

翻って、日本は？　もう老大国の衰退期なのかと見紛うような、活気のない報道が遠いこの国にいても耳に入ってきます。２０００年以降のリストラも一段落したかと思えば、今度はリーマンショックです。そしてまたリストラ。一体いつまでこの停滞が続くのかと思うほどですが、数年先を織り込むと言われる株式市場も低落したままです。何もかも足りないこちらの国から見ると、お金は余っている、けれど工場や人員は削減する、というのはまったく持って「もったいない話」です。「一体、日本って何やってんの？」という気分にもなります。

そもそも、なぜこんなにリストラ（ここで言うリストラとは、後ろ向きの事業縮小、閉鎖、人員削減などの「残念な断捨離」のことです）しなければならないのか？

もちろん、私も経営コンサルタントの端くれですから、それを必要とする現場はたくさん見てきました。そして、リストラの処方箋も書きました。その経験から言えるのは、「本当の原因はその時、その場で働いていた人たちの責任ではない、というケースが圧倒的に多い」ということです。

そんな時、友人のサイコセラピスト、川畑のぶこさんの断捨離の様子をこのモンゴルからブログで拝見したのです。そして「なるほど。モノを捨てるのは辛いけど、その後、新しく買う時には、より自分の欲しいモノの本質が見えてくるのか」という変化に、ビジネスとの共通点を見出しました。

究極の断捨離は、どの企業も何も捨てる必要がない状態です。いかなる事業もすべて目論見通り、うまくいっている状態です。ですが、ビジネスにはリスクはつきものです。当然、目論見通りにいかないこともあるでしょう。そのためにも、常に断捨離を意識した状態であってほしいのです。事業を始めるからには、単なる「成長市場だから」や「ウチにもできる」では失敗します。十分な優位性を構築でき、成功を成し遂げたとしても、事業の衰退期を迎えれば、いつ断捨離を必要とするかはわかりません。そんな緊張感を多くの経営者やビジネスパーソンに持って欲しいと思っています。大幅な人員整理を伴うリストラは、ほぼすべて「人災」だからこそ、それは防ぐことができると考えています。同じやるなら「前向きな断捨離」をしてほしいのです。

川畑さんのブログに触発されて私が書いたブログを読んでくださったのが、断捨離の提唱者、やましたひでこさんでした。そのやましたさんの著書に、私のブログの記事を載せていただいたのが、今回の出版の直接のきっかけになったような気がしています。また、川畑さんに同文舘出版の編集者である竹並治子さんをご紹介いただきました。その時「この人（私のことです）は、人生が断捨離みたいなものだから、絶対にいいもの書けるよ」と応援してくれました。お陰で、竹並さんにはずっと力強いサポートをいただきました。

この3人との出会いがなければ、この本が世に出ることはなかったと思います。3人には、この場を借りて心より感謝したいと思います。

川畑さんがおっしゃったように、私自身が「断捨離みたいな人生」を送っていますが、それが可能なのも、遠くにいながらもいつも私を応援してくれる新潟の母や兄、義姉とその家族、そして常に私のよき理解者であった亡き父のお陰と感謝しています。

本書は、若手から私と同年代の管理職、経営幹部クラスのビジネスパーソンに幅広く読んでいただきたいと思いながら執筆いたしました。また、グロービス（経営大学院、マネジメントスクール、企業研修など）で出会った受講生の方々をも念頭に置いて、私と共に学んだ戦略的思考の一助になってほしいとも思って書きました。

モンゴルの青い空を眺めながら、日本がもっと元気になってくれることを祈っています。

モンゴル・ウランバートルのアパートにて

2010年10月

田﨑正巳

著者略歴

田崎正巳（たざき　まさみ）

新潟県出身。一橋大学商学部卒業、ＩＭＤ（スイス）ＰＥＤコース修了。
味の素株式会社、ボストン・コンサルティング・グループ（ＢＣＧ）マネジャーを経て、欧州の投資会社アータル社に入り、同社の日本法人アータル・ジャパン株式会社を設立、代表取締役に就任。企業買収及び企業経営等を手がけるプライベート・エクイティ事業を展開し、複数企業の事業再建及び立ち上げを行なう。その後、A.T. カーニー株式会社のヴァイスプレジデントを経て、経営コンサルティング会社ＳＴＲパートナーズを設立、代表に就任、現在に至る。
前グロービス経営大学院研究科長・教授。前モンゴル国立大学経済学部客員教授。

ＢＣＧ及び A.T. カーニーでは、様々な業種・企業を対象とした経営コンサルティングを実施してきた。アータル・ジャパンでは、投資活動および複数の中小企業経営を行ない、グロービス経営大学院では、大学院での戦略系の授業のほか、様々な企業に対し幹部育成研修を実施してきた。モンゴルでは、大学、大学院向け授業のほか、現地企業向けのコンサルティングを手掛けた。ＳＴＲパートナーズでは、企業向けコンサルティングに加え、ベンチャー企業育成を行なっている。

ブログ
「徒然散文記」 http://blogs.yahoo.co.jp/uncle_summy
「田崎正巳のモンゴル徒然日記」 http://plaza.rakuten.co.jp/mongolmasami/

ビジネスパーソンのための
断捨離思考のすすめ

平成 22 年 11 月 29 日　初版発行
平成 22 年 12 月 20 日　3 刷発行

著　者 —— 田崎正巳
発行者 —— 中島治久

発行所 —— 同文舘出版株式会社

東京都千代田区神田神保町 1-41　〒 101-0051
電話　営業 03（3294）1801　編集 03（3294）1802
振替 00100-8-42935　http://www.dobunkan.co.jp

 ISBN978-4-495-59151-9
印刷／製本：萩原印刷　Printed in Japan 2010